D1808706

ⓒⒹ付 アラビア語が 面白いほど身につく本

文字から旅行会話までマスターできる

アルモーメン・アブドーラ著／本田 孝一監修

中経出版

「アッ・サラーム　アライクム」
（あなたがたの上に平安がありますように）

　このあいさつを口にする度に、私は優しい響きを感じます。あいさつに込められた"人々の平和を願う"という精神は、アラブ人の考え方を代表するもので、世界各国の言語の中でも独特だと思います。

　残念ながら、今までアラビア語は日本人にとってあまりなじみのある言語とはいえませんでした。しかし、最近テレビ、新聞などのメディアでアラビア語の人名、地名などを見聞きする機会が急増しています。

　アラビア語は約20以上の国々で公用語として使われています。それだけでなく、世界の人口の約5分の1にあたる10億人を超す人々がイスラム教の信者（ムスリム）として生き、人種や国境を越えてアラビア語が話されているのです。グローバル化が進む現在、**アラビア語を学ぶことで得られるものは、計り知れない**といえるでしょう。

　アラブ世界の風俗、文化、宗教などは、日本のそれと大きく違うため、お互いの理解にズレを生じさせることもあるかもしれません。言語の違いもそのギャップを生んでいます。私が思うに、**人間がお互いに理解し合うためには、言葉をもって話し合うのが一番**です。アラビア語を学ぶことは、アラブ世界への理解の第一歩になるのです。

　この本では、正則アラビア語の文字、あいさつなどの基本表現のほか、最も普及度の高い口語であるエジプト方言を、本場の発音で身につけられるなど、**盛りだくさんの内容**になっています。

　アラブ世界を楽しむ秘訣を知りたい皆さん。さあ、アラビアンナイトの魔法のじゅうたんに乗って、アラビア語の世界へと旅立ちましょう。

　　2004年5月

　　　　　　　　　　アルモーメン・アブドーラ

もくじ

第1章 まずはこれを覚えよう！ 基本表現 10

第3章 | **よく使う基本単語を
覚えよう！**

第4章 場面別の便利表現を覚えよう！

・別冊付録はていねいに抜き取ってください。
・別冊付録の抜き取りの際の損傷についてのお取り替えはご遠慮願います。

●**カタカナの発音表記について**

この本ではアラビア語の初学者のため、カタカナで読み方を示しています。これはあくまでも発音の目安としてお使いください。実際の発音はCDで確認してください。

●**発音記号（母音記号、子音記号など）について**

この本では理解しやすくするため、アラビア語について第1章、第2章の一部に発音記号をつけました。発音記号は日本語では漢字のルビのようなもので、アラビア語の本については、普通の大人が読む文章では、発音記号をつけない場合がはとんどです（子どもの本や、外国人が外国語として学ぶような文章には発音記号がつけられます）。また日常会話では語尾について子音で発音するケースが多いので、発音記号と違いが生じる場合があります（CDとカタカナの発音表記は日常会話の発音になっています）のでご了承ください。

本文写真、本文アラビア書道文字：本田 孝一
本文イラスト：明智 幸
本文デザイン：浦郷 和美

＜CDのご使用について＞
本書のCDはCDプレーヤーでご使用ください（パソコンで使用すると、不都合が生じる場合があります）。

この本の使い方

　この本はアラビア語を初めて学ぶ人に、アラビア語の初歩的知識を身につけてもらうために書かれました。アラビア語は日本人には見慣れない文字を基本とした言語ですが、この本をしっかり読めば、どんどん親しみがわいてくることでしょう。

第1章「まずはこれを覚えよう！　基本表現10」でます、基本的な10個のあいさつを身につけましょう。

第2章「アラビア語の会話・文法を学ぼう」は、会話を基本文としながら、表現や文法を学んでいきます。

まずCDを聴きながら会話をじっくりと読んで、理解してください。そして、各Lessonの最初の「話してみよう」をもとにしながら、基本的表現や、文法を身につけていきましょう。
CDについて、「話してみよう」では①まずアラビア語のみの会話、②次に、日本語→アラビア語の会話が収録されています。

キーセンテンス　：基本文として暗唱しましょう。

ワンランクアップ!　：さらに深い知識や、表現を学びましょう。

文法のとことん話◎　：文法事項をさらに詳しく説明しています。
　　　　　　　　　　　　より深い文法的説明もありますので、最初は読みとばしてくださっても構いません。

第3章「よく使う基本単語を覚えよう！」では、イラストをもとにアラビア語の基本単語を覚えましょう。

第4章「場面別の便利表現を覚えよう！」では、旅行などに便利な会話表現を集めました。旅行に、留学に、ぜひ活用してください。

······· アラビア語とアルファベット ·······

　アラビア語を今まであなたは聞いたことがありますか？
え、一度もない？　なるほど。でも、日本語にとけ込んでい
るアラビア語って、実は結構あるんです。例えば、シャーベッ
トという言葉。これは、アラビア語のシャルバート／シャラー
ブ（飲み物）という言葉からきたものです。
　ではまず、アラビア語の特徴を見てみましょう。

1. アラビア語は、主に中東や北アフリカで話されている
**　 言語です。約20以上の国や地域で話されています。**
**　 イスラム教の「コーラン」がアラビア語で書かれてお**
**　 り、イスラム教の広がりとともにアラビア語も各地に**
**　 広まっていきました。**

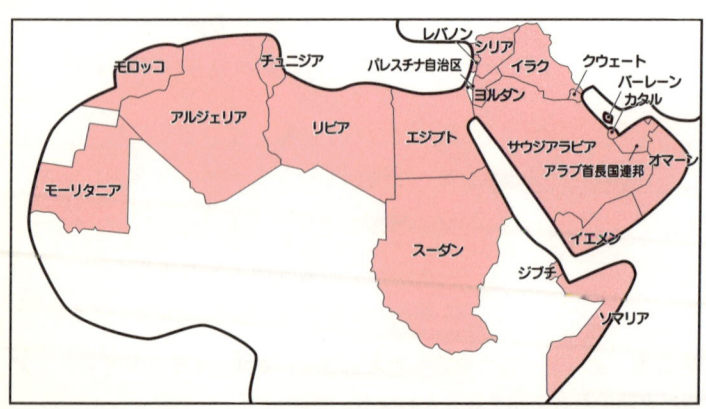

※このほかに、コモロ・イスラム連邦共和国など

2. アラビア語には第4章で後述する方言(アーンミーヤ)を除くと、全く共通の書き言葉中心の標準語(フスハー)があります。それは厳格な文法体系によって規定されている言語で、国ごとの違いは全くありません。

3. アラビア語の文字は、右から左へ読んだり書いたりします。そして文字は1つの単語で続けて書かれます。

※この本では、ヨミガナは左から右に書いています。対応するアラビア語との関係は以下のようになります。

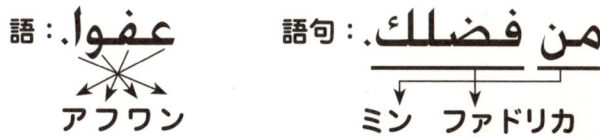

4. アラビア語のアルファベットは次の30文字からなっています。

1 ا	2 ب	3 ت	4 ث	5 ج	6 ح	7 خ
8 د	9 ذ	10 ر	11 ز	12 س	13 ش	14 ص
15 ض	16 ط	17 ظ	18 ع	19 غ	20 ف	21 ق
22 ك	23 ل	24 م	25 ن	26 ه	27 و	28 ي
29 ء	30 ة					

● アラビア語　アルファベット表 ●

独立形	連結形			名称	相当する ローマ字
	語尾	語中	語頭		
ا	ـا	ـا	ا	アリフ ('Alif)	**a,i,u**
ب	ـب	ـبـ	بـ	バー (Bā')	**b**
ت	ـت	ـتـ	تـ	ター (Tā')	**t**
ث	ـث	ـثـ	ثـ	サー (Thā')	**th**
ج	ـج	ـجـ	جـ	ジーム (Jīm)	**j**
ح	ـح	ـحـ	حـ	ハー (Ḥā')	**ḥ**
خ	ـخ	ـخـ	خـ	ハー (Khā')	**kh**
د	ـد	ـد	د	ダール (Dāl)	**d**
ذ	ـذ	ـذ	ذ	ザール (Dhāl)	**dh**
ر	ـر	ـر	ر	ラー (Rā')	**r**
ز	ـز	ـز	ز	ザーイ (Zāy)	**z**

独立形	連結形			名称	相当する ローマ字
	語尾	語中	語頭		
س	ـس	ـسـ	سـ	スィーン (Sīn)	s
ش	ـش	ـشـ	شـ	シーン (Shīn)	sh
ص	ـص	ـصـ	صـ	サード (Ṣād)	ṣ
ض	ـض	ـضـ	ضـ	ダード (Ḍād)	ḍ
ط	ـط	ـطـ	طـ	ター (Ṭā')	ṭ
ظ	ـظ	ـظـ	ظـ	ザー (Ḍhā')	ḍh
ع	ـع	ـعـ	عـ	アイン ('Ayn)	'
غ	ـغ	ـغـ	غـ	ガイン (Ghayn)	gh
ف	ـف	ـفـ	فـ	ファー (Fā')	f
ق	ـق	ـقـ	قـ	カーフ (Qāf)	q
ك	ـك	ـكـ	كـ	カーフ (Kāf)	k

独立形	連結形			名称	相当する ローマ字
	語尾	語中	語頭		
ل	ـل	ـلـ	لـ	ラーム (Lām)	l
م	ـم	ـمـ	مـ	ミーム (Mīm)	m
ن	ـن	ـنـ	نـ	ヌーン (Nūn)	n
ه	ـه	ـهـ	هـ	ハー (Hā')	h
و	ـو	ـو	و	ワーウ (Wāw)	w
ي	ـي	ـيـ	يـ	ヤー (Yā')	y
ء ※			(أ)	ハムザ (Hamza)	'
ة	ـة			ター・マルブータ (Tā' Marbūṭa)	t

※ハムザについては、31 ページ下参照。

　ここでは、アルファベットとその発音を見ていきましょう。

　アラビア語の普通の単語は、続け文字で書かれ、形が語頭、語中、語尾で変化します（巻頭のアルファベットの表をご覧ください）。

ب	ب	ﺒ	ﺐ
バーの独立形 →	バーの語頭	語中	語尾

　しかし、まず最初はアラビア語の独立形のアルファベットを練習し、基本的な形を覚えてください。

　本冊（この冊子のことです）に1語1語を大きく示し、書き順を掲載しましたので、まずなぞってみてから、練習をしてみてください。さらに練習したい場合は、別冊付録をご利用ください。

　また、アラビア語発音についてですが、母音はa, i, uの3つしかありません。また、アリフが母音を表す以外、全て子音を表します。

　母音は以下の記号で表します。また、子音を示す記号もあります。

> ﹷ **ファトハ**（文字の上につけます）aを表す
>
> ﹻ **カスラ**（文字の下につけます）iを表す
>
> ﹹ **ダンマ**（文字の上につけます）uを表す
>
> ﹿ **スクーン**（文字の上につけます）子音のみで発音する

❖ アリフ（'Alif）

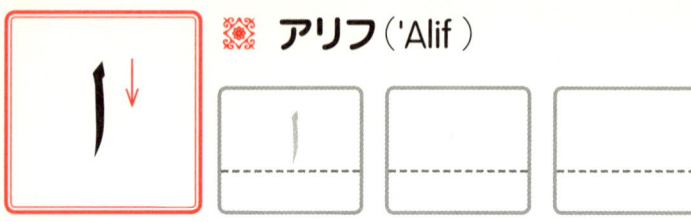

書き方 上から下に基本線上まで下ろします。
発　音 日本語のア行の音。母音記号に従って、「イ」「ウ」という音
も表します。

aの母音記号の場合	**i**の母音記号の場合	**u**の母音記号の場合	子音記号の場合
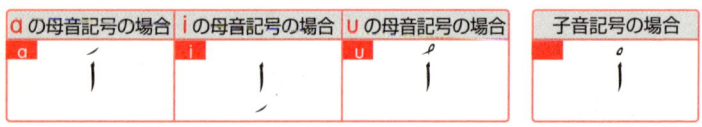

※ CD で発音を確認してください

❖ バー（Bā'）

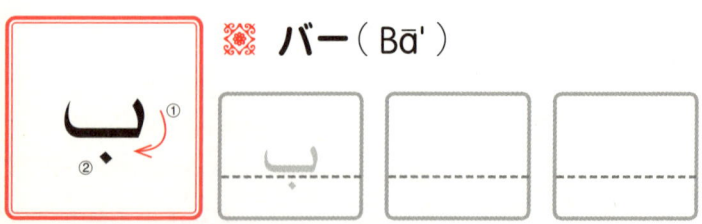

書き方 基本線上に右から左への皿形を書いてから、真下に点１つを
加えます。
発　音 英語の「b」と同音です。

aの母音記号の場合	**i**の母音記号の場合	**u**の母音記号の場合	子音記号の場合
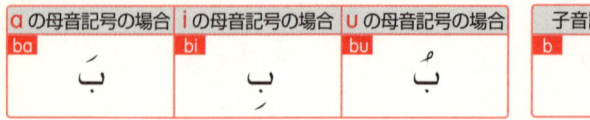

 **ターー**（ Tā' ）

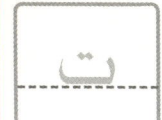  

書き方 バー（ﺏ）と同じお皿の形を書いてから、今度は真上に点を
2つ加えます。

発 音 英語の「t」と同音です。

a の母音記号の場合	i の母音記号の場合	u の母音記号の場合	子音記号の場合
ta ﺗَ	ti ﺗِ	tu ﺗُ	t ﺗْ

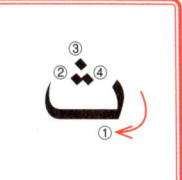 **サーー**（ Thā' ）

書き方 バー（ﺏ）とター（ﺕ）と同じ形です。ただし、今度は点が
3つに増えます。

発 音 英語の、例えば think の「th」と同音を表します。すなわち
舌先を両歯でかんでサ行を表します。

a の母音記号の場合	i の母音記号の場合	u の母音記号の場合	子音記号の場合
tha ﺛَ	thi ﺛِ	thu ﺛُ	th ﺛْ

✳ ジーム（Jīm）

書き方 ひらがなの「て」という文字に似た形。丸い部分は基本線よりかなり下がります。最後に、中に点を入れます。

発　音 英語の「J」に相当する音で、ジャ行の音。

a の母音記号の場合	i の母音記号の場合	u の母音記号の場合	子音記号の場合
ja	ji	ju	j
ج	ج	ج	ج

✳ ハー（Ḥāʼ）

書き方 前のジーム（ح）と全く同じ形ですが、これは真ん中に点を書きません。

発　音 咽頭（いんとう）を緊張させ、狭くし、ハ行の音を強く発音します。息を強く吐き出すような感じで発音します。CDでも確認してください。

a の母音記号の場合	i の母音記号の場合	u の母音記号の場合	子音記号の場合
ḥa	ḥi	ḥu	ḥ

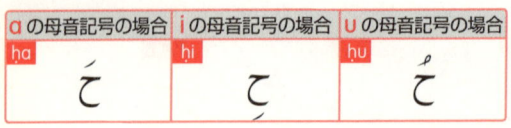 

 ❈ ハー（ Khā' ）

書き方 前のハー（ ح ）の上に今度は点を１つつけます。

発　音 かすれた感じのハ行の音。具体的には舌の後部と軟口蓋との
間の気道を狭め、ハ行の摩擦音を出します。

aの母音記号の場合	iの母音記号の場合	uの母音記号の場合	子音記号の場合
kha خَ	khi خِ	khu خُ	kh خْ

❈ **ダール**（ Dāl ）

書き方 １行の中間より少し下から斜線を下ろし、同じぐらいの長さで
基本線上に横線を続けます。形は他の文字に比べ小さいです。

発　音 英語の「d」と同音を表します。

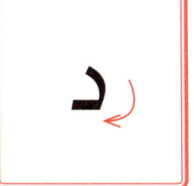 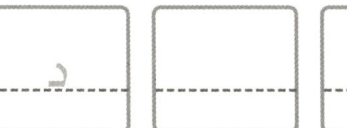 

aの母音記号の場合	iの母音記号の場合	uの母音記号の場合	子音記号の場合
da دَ	di دِ	du دُ	d دْ

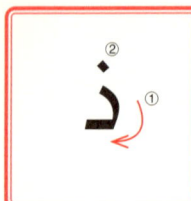

🌼 ザール（ Dhāl ）

書き方 ダール（ ꝺ ）と同じですが、上の部分に点がつきます。

発　音 英語の this の「th」と同じ音です。

a の母音記号の場合	**i** の母音記号の場合	**u** の母音記号の場合	子音記号の場合
dha	dhi	dhu	dh
ذ	ذ	ذ	ذ

🌼 ラー（ Rā' ）

書き方 基本線上から下にかけてカタカナのノの字のような形を書きます。終わりの部分はあまり上にあがらないようにします。

発　音 英語の「r」よりも強く巻き舌で発音します。

a の母音記号の場合	**i** の母音記号の場合	**u** の母音記号の場合	子音記号の場合
ra	ri	ru	r
ر	ر	ر	ر

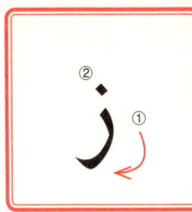 ✻ ザーイ（Zāy）

書き方 前のラー（♪）の上に点1つをつけます。

発　音 英語の「z」と同じ音（ザ行）。

aの母音記号の場合	iの母音記号の場合	uの母音記号の場合	子音記号の場合
za	zi	zu	z

✻ スィーン（Sīn）

書き方 「w」のような形を右から書き、それに丸いつぼのような形を
続けます。

発　音 英語の「s」と同音。

aの母音記号の場合	iの母音記号の場合	uの母音記号の場合	子音記号の場合
sa	si	su	s

※ シーン（Shīn）

書き方 スィーン（س）の上の部分に点３つを加えます。

発　音 英語の「sh」と同音（シャ行）。

aの母音記号の場合	iの母音記号の場合	uの母音記号の場合	子音記号の場合
sha شَ	shi شِ	shu شُ	sh شْ

※ サード（Ṣād）

書き方 スィーン（س）に似たような形ですが、右の部分を丸くとじて、つぼのような形を左へ続けます。

発　音 英語の「s」に近い音ですが、口の中で音をこもらせるようにして、「サ」と発音します。

aの母音記号の場合	iの母音記号の場合	uの母音記号の場合	子音記号の場合
ṣa صَ	ṣi صِ	ṣu صُ	ṣ صْ

❀ ダード (Ḍād)

書き方 サード（ص）の上に点 1 つを加えます。

発　音 英語の「d」の音ですが、口の中で音をこもらせて、ダ行を発音します。

aの母音記号の場合	iの母音記号の場合	uの母音記号の場合	子音記号の場合
da	di	du	d

❀ ター (Ṭā')

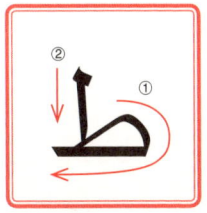   

書き方 最初に下の平たい丸い部分を書き、縦の線を上から下ろします。

発　音 英語の「t」の近い音で、口の中で音をこもらせます。「タ」を鼻にかかった感じで発音します。

aの母音記号の場合	iの母音記号の場合	uの母音記号の場合	子音記号の場合
ṭa	ṭi	ṭu	ṭ

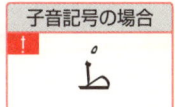

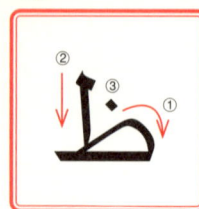

※ ザー（Ḍhā'）

書き方 ター（ظ）の右上に点を1つつけます。

発音 ザール（ذ）を強調した音になります。口の中でこもらせながら、ザ行を舌先を上下の歯で軽くかんで発音します。

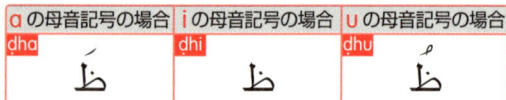

aの母音記号の場合	iの母音記号の場合	uの母音記号の場合	子音記号の場合
dha	dhi	dhu	dh

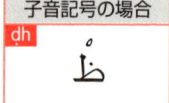

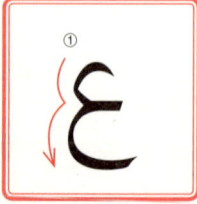

※ アイン（'Ayn）

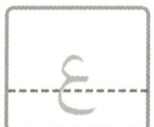  

書き方 英語の「E」の筆記体の大文字のような形。しかし書く位置は、文字の上部は基本線上に書き、下の部分は基本線よりも下にきます。

発音 のどの奥から強くア行の音を発音します。前のハー（ح）と同じ要領で調音します。

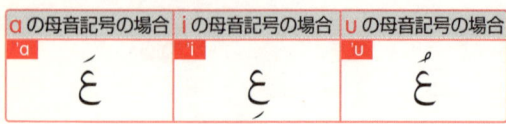

aの母音記号の場合	iの母音記号の場合	uの母音記号の場合	子音記号の場合
'a	'i	'u	'

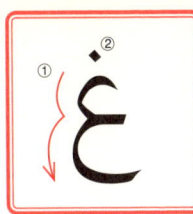

❖ ガイン（Ghayn）

書き方 アイン（ ع ）の上に点を１つ加えます。

発　音 ガに近い音ですが、口の奥の軟口蓋と舌の後部を近づけ、そこからかすれた音のガ行の音を発音します。

aの母音記号の場合	iの母音記号の場合	uの母音記号の場合	子音記号の場合
gha	ghi	ghu	gh
غَ	غِ	غُ	غْ

❖ ファー（Fā'）

書き方 小さな円から書き出し、基本線上にお皿のような形を続けます。

発　音 英語の「f」の音。下唇を上歯で軽くかんで発音します。

aの母音記号の場合	iの母音記号の場合	uの母音記号の場合	子音記号の場合
fa	fi	fu	f
فَ	فِ	فُ	فْ

✿ カーフ（Qāf）

（書き方）ファー（ﻑ）に似ていますが、こちらの方がより丸い形で、
丸い部分は基本線上より下にきます。上に点を２つつけます。

（発　音）カ行の音ですが、軟口蓋の奥の部分と舌の後部を接しながら、
発音します。

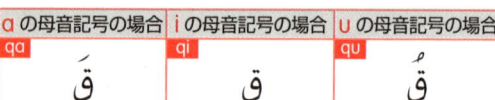 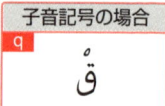

aの母音記号の場合	iの母音記号の場合	uの母音記号の場合	子音記号の場合
qa	qi	qu	q

✿ カーフ（Kāf）

（書き方）１行の高さの縦線を書き、基本線に沿って同じくらいの長さ
の横線を続けます。できた形の中に英語の「ɜ」のような小さ
な形をつけ加えます。

（発　音）日本語の「カ」よりもやや弱く「キャ」に近い音です。

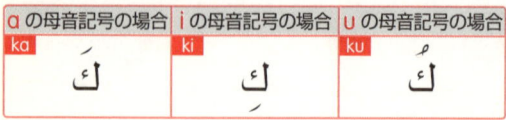 

aの母音記号の場合	iの母音記号の場合	uの母音記号の場合	子音記号の場合
ka	ki	ku	k

 ❈ **ラーム**（ Lām ）

書き方 1行の高さの縦線を下ろし、基本線を抜け左へ釣針形を書きます。

発　音 英語の「l（エル）」の音です。すなわち、舌先を上歯の後ろにつけて発音します。

aの母音記号の場合 la	iの母音記号の場合 li	uの母音記号の場合 lu	子音記号の場合 l
ل	ل	ل	ل

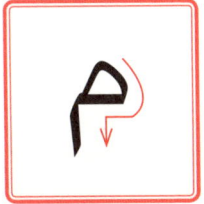 ❈ **ミーム**（ Mīm ）

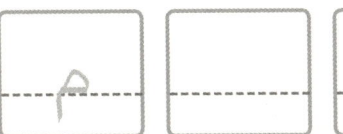 

書き方 基本線上に左から右へ小さな丸い形を書き、それを下へ長く下ろします。

発　音 「m」、マ行の音です。

aの母音記号の場合 ma	iの母音記号の場合 mi	uの母音記号の場合 mu	子音記号の場合 m
م	م	م	م

✱ ヌーン（Nūn）

書き方 基本線をまたいで、つぼのような形を書いて、右上に点を 1
つつけます。

発　音 「n」、ナ行の音です。

a の母音記号の場合	i の母音記号の場合	u の母音記号の場合	子音記号の場合
na	ni	nu	n
ن	ن	ن	ن

✱ ハー（Hā'）

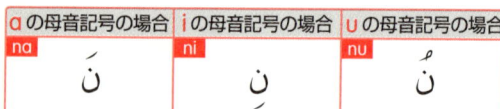

書き方 基本線上に右から小さな丸を書きます。

発　音 「h」、ハ行に近い音です。しかし、日本語の「ハ」よりも少し
弱い感じの音。

a の母音記号の場合	i の母音記号の場合	u の母音記号の場合	子音記号の場合
ha	hi	hu	h
ه	ه	ه	ه

✿ ワーウ（Wāw）

書き方 基本線上に丸い形を書き、左斜めの下に ♪（ラー）のような
斜線を続けます。

発　音 「w」、ワ行の音です。

a の母音記号の場合	i の母音記号の場合	u の母音記号の場合	子音記号の場合
wa ﻮَ	**wi** ﻮِ	**wu** ﻮُ	**w** ﻮْ

✿ ヤー（Yā'）

書き方 基本線の少し上から、「s」を斜めにしたような形を書きます。
その下に点を2つつけます。

発　音 「y」、ヤ行の音です。

a の母音記号の場合	i の母音記号の場合	u の母音記号の場合	子音記号の場合
ya ﻲَ	**yi** ﻲِ	**yu** ﻲُ	**y** ﻲْ

❀ ハムザ（ Hamza ）

書き方 基本線上に、小さく書きます。

発　音 母音記号によって、「ア」「イ」「ウ」の音を表します。音声学的には、これは「声門閉鎖音」と呼ばれています。それに独自の音はありません。一瞬、のどを閉じ、「ア」「イ」「ウ」を吐き出すような感じで発音します。

a の母音記号の場合	**i** の母音記号の場合	**u** の母音記号の場合	子音記号の場合
ʼa ء	ʼi ء	ʼu ء	ʼ ء

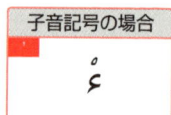

※この音は単独ではでない

❀ ター マルブータ（Tāʼ Marbūṭa）

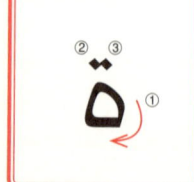  

書き方 ハー（ ه ）の上に点を２つつけた形です。

発　音 「t」、タの発音を表します。※この文字は語尾にしか現れません。

a の母音記号の場合	**i** の母音記号の場合	**u** の母音記号の場合	子音記号の場合
ta ة	ti ة	tu ة	

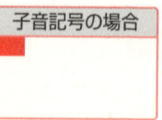

※ター マルブータには子音符号はつかない

　これまでは、アラビア語のアルファベットの独立形を見て
きました。

　しかし、最初にも書いた通り、アラビア語の単語は決めら
れた形でつながって書かれるのです。ここでは、これまで見
てきたアルファベットがどのような形になるのかを見ていき
ましょう。

名称	語尾の形	語中の形	語頭の形	独立形
アリフ（'Alif） ※ 後ろに文字を続けない				ا
バー（Bā'）				ب
ター（Tā'）				ت
サー（Thā'）				ث
ジーム（Jīm）				ج
ハー（Ḥā'）				ح
ハー（Khā'）				خ
ダール（Dāl） ※ 後ろに文字を続けない				د

名称	語尾の形	語中の形	語頭の形	独立形
ザール（Dhāl） ※ 後ろに文字を続けない	ذ	ذ	ذ	ذ
ラー（Rā'） ※ 後ろに文字を続けない	ر	ر	ر	ر
ザーイ（Zāy） ※ 後ろに文字を続けない	ز	ز	ز	ز
スィーン（Sīn）	س	س	س	س
シーン（Shīn）	ش	ش	ش	ش
サード（Ṣād）	ص	ص	ص	ص
ダード（Ḍād）	ض	ض	ض	ض
ター（Ṭā'）	ط	ط	ط	ط
ザー（Dhā'）	ظ	ظ	ظ	ظ
アイン（'Ayn）	ع	ع	ع	ع
ガイン（Ghayn）	غ	غ	غ	غ

名称	語尾の形	語中の形	語頭の形	独立形
ファー（Fā'）	فـ	ـفـ	فـ	ف
カーフ（Qāf）	ـق	ـقـ	قـ	ق
カーフ（Kāf）	ـك	ـكـ	كـ	ك
ラーム（Lām）	ـل	ـلـ	لـ	ل
ミーム（Mīm）	ـم	ـمـ	مـ	م
ヌーン（Nūn）	ـن	ـنـ	نـ	ن
ハー（Hā'）	ـه	ـهـ	هـ	ه
ワーウ（Wāw） ※ 後ろに文字を続けない	ـو	ـو	و	و
ヤー（Yā'）	ـي	ـيـ	يـ	ي
ハムザ（Hamza） ※			（أ）	ء
ター マルブータ （Tā' Marbūṭa）	ـة			ة

※ハムザについては、語頭形はアリフ（ا）の上にのせる形だけで使われ、語中形、
　語尾形は、単語のつづりに従って、アリフ（ا）、ワーウ（و）、ヤー（ى：この
　場合下2点はつかない）、あるいは単独で使われます。

アルファベットを連結してみましょう。まず大前提としてアラビア語は右から左へ書かれます。そして今まで見てきたひとつひとつのアルファベットが一続きに書かれていきます。ある意味、英語の筆記体にちょっと似ています。

　例えば、犬という単語があります。1字1字をバラバラにすると、①のようになりますが、実際はこのように書かれることはありません。②のように字をつなげて書きます。

犬　カルブ

$$\text{بُ} + \text{لْ} + \text{كَ} \qquad ①$$

$$\text{كَلْبُ} \qquad ②$$

　実際に文字をつなげる要領として、以下**3つ**の点を覚えておきましょう。

1.　1つの単語で初めにくる文字は「語頭の形」で書きます。その左端から線を水平にのばし、次の文字につなげます。文字の間の線（連結線）の長さは自由です。
2.　のばした線につなげて、次にくる文字を「語中の形」で書きます。語中の文字が1つではない場合は、すべて「語中の形」でつなげていきます。
3.　最後の文字は「語尾の形」にします。

では、**文字をつなげる練習**をしましょう。太陽（シャムス）という言葉を連結してみます。また、それと同時に発音記号に従って発音してみましょう。

سُ + مُ + شَ　　　**太陽**　シャムス

1. شの語頭の形を書きます。　　　→　　شـ

（文字の上の3点は後で加えます）

2. مの語中の形を書きます。　　　→　　سمـ

3. سの語尾の形を書きます。　　　→　　سمس

4. 点や発音記号などを振ります。　→　　شَمْسُ

それでは、**次の文字を連結し、発音**してみてください。

1. جَ + بَ + لُ　（　　　　）　　**山**　ジャバル

2. بَ + حْ + رُ　（　　　　）　　**海**　バハル

3. مِ + صْ + رُ　（　　　　）　　**エジプト**　ミスル

4. بَ + يْ + تُ　（　　　　）　　**家**　バイトゥ

─────────────────────

[答え]

1. جَبَلُ

2. بَحْرُ

3. مِصْرُ

4. بَيْتُ

つなげるとき、**注意しなければならない点**があります。

1. 後ろに続かない文字

    ‎ا‎（アリフ）、 ‎د‎（ダール）、 ‎ذ‎（ザール）

    ‎ر‎（ラー）、 ‎ز‎（ザーイ）、 ‎و‎（ワーウ）

　上記の文字が、語頭、語中に出た場合は、次にくる文字に線をつなげません。この次の文字は、「語頭の形」で新たに書き始めます（下の例の下線部分）。

 دُ ＋ لَ ＋ وَ → وَلَـدُ　　**男の子**　　ワラド

لُ ＋ جَ ＋ رَ → رَجُـلُ　　**男の人**　　ラジュル

　また、「後ろに続かない文字」が単語の最後から2番目にきたら、最後の文字は「独立形」で書きます。

مُ ＋ رَ ＋ هَ → هَـرَمُ　　**ピラミッド**　　ハラム

2. ‎ل‎（ラーム）の次に‎ا‎（アリフ）がきた場合は、下のような特別な形になります。

　Ⓐ 右に連結線がない場合：‎ل‎（ラーム）を右上からの斜め線（①）で、‎ا‎（アリフ）を左上からの斜め線で書き、下の線で2つを結ぶ（②）。

　Ⓑ 右に連結線がある場合：少し変形して筆順が変わる。

※別冊付録で、連結した語を書いてみましょう。

●長母音

「カー」のように長くのばす音（長母音）を表すには、今まで見てきたアルファベットに次のように ‌ا‌（アリフ）、 ‌ي‌（ヤー）、 ‌و‌（ワーウ）を補助的に加えて表します。

ā （アー）： ‌ا‌　　左にアリフをつける
ī （イー）： ‌ي‌　　左にヤーをつける
ū （ウー）： ‌و‌　　左にワーウをつける

全てのアルファベットを長母音にしてみましょう。

أُو	إِي	آ ※	بُو	بِي	بَا
ウー	イー	アー	ブー	ビー	バー
تُو	تِي	تَا	ثُو	ثِي	ثَا
トゥー	ティー	ター	スー	スィー	サー
جُو	جِي	جَا	حُو	حِي	حَا
ジュー	ジー	ジャー	フー	ヒー	ハー
خُو	خِي	خَا	دُو	دِي	دَا
ホー	ヒー	ハー	ドゥー	ディー	ダー

※「アー」の場合は、例外的にこのような形になります。また「イー」、「ウー」のように、アリフは ‌ء‌（ハムザ）を伴って使うケースが多いです。

右ページ

رَا	رِي	رُو
ラー	リー	ルー
سَا	سِي	سُو
サー	スィー	スー
صَا	صِي	صُو
サー	スィー	スー
طَا	طِي	طُو
ター	ティー	トゥ
عَا	عِي	عُو
アー	イー	ウー
فَا	فِي	فُو
ファー	フィー	フー
كَا	كِي	كُو
カー	キー	クー

左ページ

ذَا	ذِي	ذُو
ザー	ズィー	ズー
زَا	زِي	زُو
ザー	ズィー	ズー
شَا	شِي	شُو
シャー	シー	シュー
ضَا	ضِي	ضُو
ダー	ディー	ドゥ
ظَا	ظِي	ظُو
ザー	ズィー	ズー
غَا	غِي	غُو
ガー	ギー	グー
قَا	قِي	قُو
カー	キー	クー

لُو	لِي	لَا	مُو	مِي	مَا
ルー	リー	ラー	ムー	ミー	マー
نُو	نِي	نَا	هُو	هِي	هَا
ヌー	ニー	ナー	フー	ヒー	ハー
وُو	وِي	وَا	يُو	يِي	يَا
ウー	ウィー	ワー	ユー	イー	ヤー
أُو	إِي	آ			
ウー	イー	アー			

長母音を使った単語を見てみましょう（下線部が長母音の部分）。

市場	→	سُوقٌ	スーク
学生	→	طَالِبٌ	ターリブ
私は	→	أَنَا	アナー
お元気ですか	→	كَيْفَ حَالُكَ	カイファ　ハールカ

●そのほかの発音記号

1. シャッダ ّ は子音の上につける符号で、母音符号とともに使われます。シャッダがついている子音が2度繰り返されることを示し、発音はつまった音（促音）になります。

例）愛　ホッブ

つまり、ホとブの間に促音の「ッ」を入れて発音すればよいのです。

2. タンウィーンとは名詞、形容詞の語尾につく記号です。アラビア語の文法用語で「母音にnの音が伴う」を意味します。タンウィーンがつくと、− un、− an、− in の3種類の音を表します。下で示すように、タンウィーンはよく見てみると、母音記号を2つ重ねた形になっています。− an の場合には（ة を除いて）その後に ا アリフがつけられます。

un — ٌ ※ ← بٌ Bun 例 طَالِبٌ ターリブン

an — ًا بًا Ban 例 طَالِبًا ターリバン

in — ٍ بٍ Bin 例 طَالِبٍ ターリビン

※ ٌ 通常は一筆書き風に、このように書くことが多い。

名詞、形容詞の語尾の母音はたいてい、uのタンウィーン
になっています。ただし、日常的会話ではアラブ人はタン
ウィーンを発音せず、子音で発音しています（例外的には会
話表現などでタンウィーンまで発音するものもあります。例
えば「ありがとう」の「シュクラン」など）。

　例えば、紅茶は شاي は、正確にはシャーユンですが、日
常会話ではシャーイと発音します。

チュニジア、カイラワーンのお茶屋

フスハーとアーンミーヤ

文章に入る前に、アラビア語のフスハーとアーンミーヤについてお話ししておきましょう。

●フスハーとアーンミーヤ

　アラビア語にはフスハー（正則アラビア語）とアーンミーヤ（方言）があります。2つの違いは、フスハーは標準語、アーンミーヤは方言です。普通アラビア語というと、フスハーのことを指します。

　フスハーは聖典『コーラン』に基づく一大言語で、アラブ人はそれを学校で国語として学びます。

●フスハーについて

　演説やニュースの朗読などは、フスハーが用いられます。フスハーはアラブ諸国全土で共通です。例えばエジプト人の書いたものでもサウジ人の書いたものでも全く違いはありません。また、フスハーは約1400年間本質的に文法が変わっていませんので、約1400年前の古い書物も読むことができます。

　アラビア語の会話を学びたい方は、アラブ　イスラーム学院のアラビア語講座を利用する方法があります。この学院はアラビア語教育と、アラブ　イスラーム文化紹介の目的で設立された教育、研究機関で、在日サウジアラビア王国大使館により運営されています。アラビア語の会話、読み書き、文法を学ぶ講座があります。詳しくはアラブ　イスラム学院ホームページ（http://www.aii-t.org/j/）をご覧ください。

●話し言葉のアーンミーヤ

　一方、アーンミーヤは地域ごとに違います。日本の方言同様かなりの数が存在します。日常の会話は、通常アーンミーヤでなされます。ですからアラブ人でも、出身地が離れていると、アーンミーヤでは意思疎通が困難なことがあります。

　日本でも東北の人と九州の人がそれぞれの方言でしゃべったら会話が成り立たないように、アラビア語でも同じようなことが起こるのです。それをすり合わせるのがフスハーで、この場合、標準語のようなもの、といえるでしょうか。

　そこで、第1～3章ではフスハーを中心に紹介しています。アラブ世界の共通語をまず、修得していただきたいと思います。

●まずはエジプト方言のアーンミーヤを知っておこう

　アーンミーヤは会話に使われ、文字として書かれることは普通ありません。アーンミーヤには大きく分けてマグレブ（北アフリカ）方言、エジプト方言、湾岸方言、東アラブ方言の4つがあります。この中で一番普及度が高いのはエジプト方言です。

　第4章ではエジプト方言のアーンミーヤを中心に、便利表現を紹介していきます。読者の皆さんが現地に行かれたときに、役に立つと思われるものを集めましたので、ぜひ覚えてください。また、第1～3章のフスハーによる会話表現と比較して、その違いも理解してください。

UAE．アブダビの街角で

第 **1** 章

まずはこれを
覚えよう！
基本表現１０

◎

アラビア語の基本表現を
覚えて、あいさつが交わせる
ようになろう！

アッ・サラーム　アライクム

اَلسَّلَامُ عَلَيْكُمْ.

こんにちは。

　これは、直訳すると「あなたがたの上に平安がありますように」という意味になります。アラブ諸国やイスラム社会であれば、**どこでも交わされるあいさつ**です。

　「السلام アッ・サラーム」というのは、「平和」を、「عليكم アライクム」は「あなたがたの上に」を表します。

　これは、おはよう、こんにちは、こんばんは、はじめまして、さようなら、などをみな含んだ、どんな場合にも使える大変便利なものです。人に会ったらまず、このあいさつを言います。

　まずこの表現を覚えることで、あなたもすぐに、アラブ人とあいさつを交わせるようになるでしょう。

ワ　アライクム⌒ッ・サラーム

وَعَلَيْكُمُ السَّلَامُ.

こんにちは（返事）。

　このあいさつは直訳すると、「そしてあなたがたの上にこそ平安がありますように」という意味になります。前ページの「السلام عليكم アッ・サラーム　アライクム」に対する返事となります。

　「السلام عليكم アッ・サラーム　アライクム」と声をかけられたら、このあいさつを返せばいいのです。

基本 3 表現

シュクラン

شُكْرًا.

ありがとう。

　これは、アラブ世界で、もっともよく使われる言葉の1つ
でしょう。

　あなたが例えば旅行に行ったとき、レストラン、市場、ホ
テル、街角などで、「ありがとうございます」と言いたく
なる場面がたくさんあると思います。そんなとき、相手に、
「شكرا シュクラン」と軽く言ってみましょう。向こうから必
ず満面の笑みが返ってくるでしょう。

　また、相手への感謝をさらに強調したいときには、ほほえ
みながら、「شكرا جزيلا シュクラン・ジャズィーラン」（大変
ありがとうございます）と言ってください。

46

基本**4**表現

アフワン

عَفْوًا.

どういたしまして。

　このあいさつは、前ページの「شكرا **シュクラン（ありがとう）」に答えるもの**です。相手から「شكرا シュクラン」と言われたら、「عفوا アフワン」と返します。

　別の言い方として、「العفو アル・アフゥ」という言葉もあります。意味は、「عفوا アフワン」と全く同じです。

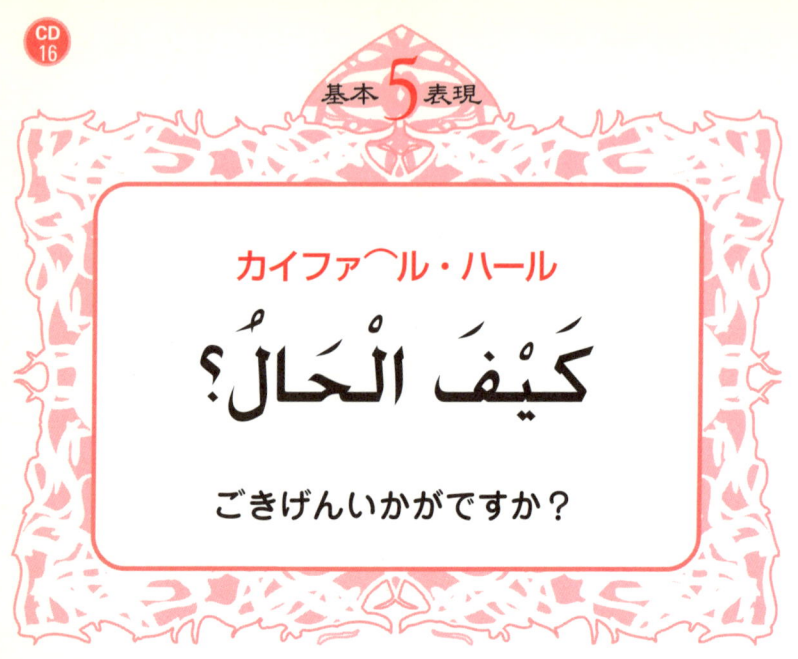

CD 16

基本 **5** 表現

カイファ⌢ル・ハール

كَيْفَ الْحَالُ؟

ごきげんいかがですか？

　これも、基本中の基本のあいさつです。英語の"How are you?"と同じ意味です。「كيف　カイファ」は「どのような」、「الحال　アル・ハール」（この場合、はじめのアはとばされます）は「状態」という、2つの語から構成されています。「状態はどうですか？」というのが直訳です。また、単に「状態」だけでなく、「あなたの状態」（ハールカ）を使い「كيف حالك؟　カイファ　ハールカ」と言うこともできます。

　これは「お元気ですか？」、「ごきげんいかがですか？」、「調子はどうですか？」、「いかがお過ごしですか？」などの意味で、日常会話でふんだんに使われます。初対面の人にも、知り合いの人にも使うことができます。

48

基本 **6** 表現

アル・ハムドゥ　リ⁀ッ・ラー

اَلْحَمْدُ لِلّٰه.

神様のおかげで。

「اَلْحَمْدُ アル・ハムドゥ」は感謝すること、ありがたく思うこと、讃えることを意味します。「لِلّٰه リ⁀ッ・ラー」は「لِ リ」が前置詞で、「〜に」の意味。これに続く「ッ・ラー」は本来、「اللّٰه アッラー」で、それはイスラム教徒のいうアッラー（神様）です。直訳すると「神様に対しての感謝」ですが、「神様に感謝する、神様のおかげで」という意味合いで用いられます。

　アラビア語の会話の中には、このほかにも「アッラー」の入った様々な表現があります。

　前述した「كيف الحال؟ カイファ⁀ル・ハール」と言われると、「اَلْحَمْدُ لِلّٰه アル・ハムドゥ　リ⁀ッ・ラー」と返します。自分が少しくらい良い状態でなくても、「アッラー（神様）に感謝いたします」、というのがアラブ人の基本的な考え方です。

49

基本 **7** 表現

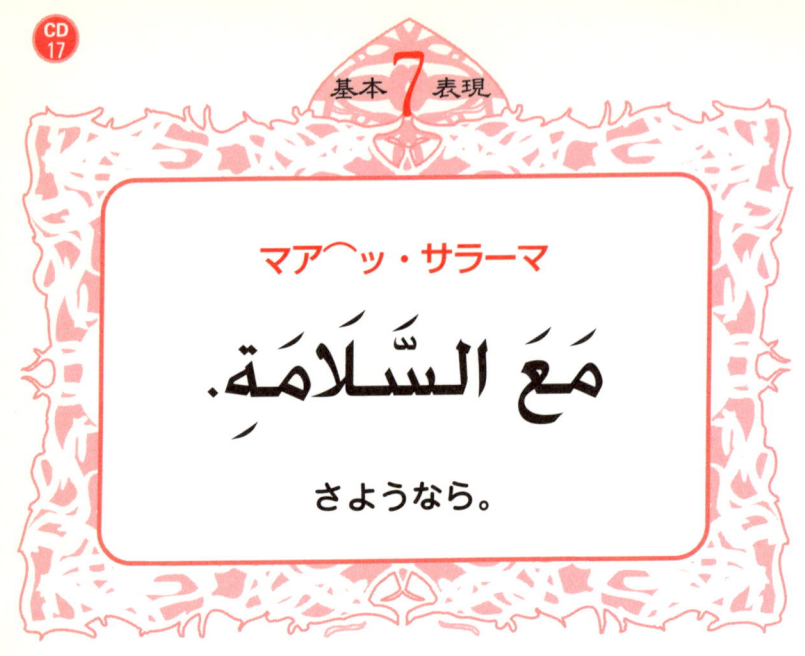

マアＸッ・サラーマ

مَعَ السَّلَامَة.

さようなら。

　日本語の「さようなら」に相当するあいさつです。「مع マア」は英語の with と同じ意味の前置詞。「السلامة アッ・サラーマ」は「安全、無事」を意味します（この場合、はじめのアの音はとばされます）。全体で「**無事とともに**」（＝ご無事で）という意味です。

基本 8 表現

ミン　ファドリカ

مِنْ فَضْلِكَ.

どうかお願いします。

　人に何かを頼むときやお願いするとき、便利な表現として
これを使います。例えば、お茶（シャーイ）を頼むとき
「شاي من فضلك シャーイ　ミン　ファドリカ」（お茶をお願い
します）、レストランなどで勘定（アル・ヒサーブ）を払うと
き、「الحساب من فضلك アル・ヒサーブ　ミン　ファドリカ
（勘定をお願いします）」というふうに。

　また、厳密には、この表現は男性（1人）に対して用いら
れる形です。相手が女性の場合は、語尾を変え、「ミン　ファ
ドリキ」とします。

　また、別の使い方として、「ちょっと、すみませんが」と
人に何かを尋ねる際にも疑問文の前、あるいは後ろにつけて
用いられます。

ムタアッスィフ

مُتَأَسِّف.

すみません。（男性が言うとき）

　この表現は基本的には、約束の時間に遅れたり、行けな
かったりなど、他人に迷惑をかけ、詫びなければならない
ときに用いられます。

　こう言われたら、「لَا عَلَيْك ラー　アライカ」（気にし
ないで）と返事をするのが礼儀です。女性が言うときは、
「مُتَأَسِّفة ムタアッスィファ」と語尾を変えて言います。

　うっかり人の足を踏んでしまったときなど、日本語の「す
みません」と同様に使いますので、便利で丁寧な表現として
この言葉を覚えておきましょう。

　同じ意味として、「آسِف アースィフ」（女性が言う場合は
آسِفة アースィーファ）も用いられます。

基本 10 表現

アハラン　ワ　サハラン

أَهْلاً وَسَهْلاً.

ようこそいらっしゃいました。

　「ようこそいらっしゃいました」、「どうぞよろしく」の意味合いで、人を迎え入れるときに広く用いられます。人と初めて会ったときには、もちろん使いますが、友人や仲間たちの家に遊びに行ったときにも、この歓迎の言葉で迎えられます。そのときは、「شكراً シュクラン」（ありがとう）を使って、あいさつを返しましょう。

　このほかに、同じ意味合いで「مرحباً マルハバン」という言葉もあります。どちらも人をもてなすときに使う表現です。

アラビア語の勉強のための子どもの本

第 **2** 章

アラビア語の
会話・文法を学ぼう

◎

会話を基本としながら、
文法を少しずつ覚えていこう！

Lesson

1 | 機内で

CD
19 話してみよう

客室乗務員 : اَلسَّلَامُ عَلَيْكُمْ.

あきさん : وَعَلَيْكُمُ السَّلَامُ.

客室乗務員 : كَيْفَ الْحَالُ؟

あきさん : بِخَيْرٍ وَالْحَمْدُ لِلّٰهِ.

客室乗務員：アッ・サラーム　アライクム

あきさん：ワ　アライクム⌒ッ・サラーム

客室乗務員：カイファ⌒ル・ハール

あきさん：ビハイル　ワ⌒ル・ハムドゥ　リ⌒ッ・ラー

日本語訳 CD 20

客室乗務員：こんにちは。
あきさん：こんにちは。
客室乗務員：ごきげんいかがですか？
あきさん：（おかげさまで）元気です。

話してみよう（続き）

客室乗務員：تَفَضَّلِي.

あきさん：مَا هٰذَا؟

客室乗務員：هٰذَا شَايْ. هَلْ هٰذِهِ حَقِيبَتُكِ؟

あきさん：نَعَمْ، شُكْراً.

客室乗務員：タファッダリー

あきさん：マー　ハーザー

客室乗務員：ハーザー　シャーイ　ハル　ハーズィヒ　ハキーバトゥキ

あきさん：ナアム　シュクラン

客室乗務員：どうぞ。
あきさん：これは何ですか？
客室乗務員：これは紅茶です。（落ちている小さなかばんを拾って）
　　　　　　これはあなたのかばんですか？
あきさん：はい。ありがとう。

このレッスンでは、「こんにちは」、「ごきげんいかがですか？」といったアラビア語の基本的なあいさつと、「これは何ですか？」と尋ねる表現を使って、平叙文、否定文を学びましょう。

また、文法については、アラビア語の特色である、男性名詞、女性名詞についても解説します。

キーセンテンス ①

اَلسَّلَامُ عَلَيْكُمْ.

アッ・サラーム　アライクム
こんにちは。

اَلسَّلَامُ = 平和　　　عَلَيْكُمْ = あなたに

キーセンテンス ②

وَعَلَيْكُمُ السَّلَامُ.

ワ　アライクム⌒ッ・サラーム
こんにちは（返事）。

وَعَلَيْكُمُ = そして、あなたがたの上に　　　السَّلَامُ = 平和

2つの表現は、それぞれ第1章の基本表現1と2で解説しました。よく使う表現ですので、覚えておきましょう。

● アラビア語の句読点

アラビア語の句読点は以下の通りです。

句点（。）　→　「．」

読点（、）　→　「．」

?　　　　　→　「؟」

!　　　　　→　「!」(同じ)

كَيْفَ الْحَالُ؟

カイファ ̄ル・ハール

ごきげんいかがですか？

كَيْفَ =どのように/どう？（疑問詞）　الْحَالُ =調子／状態

この表現は、第1章の基本表現5で解説しました。

また、この表現は疑問文ですが、語順としては、アラビア語は日本語の逆になります。

日本語　調子はどう？

アラビア語　「كيف =どう？」＋「الحال =調子 / 状態」

● 定冠詞

　名詞を限定し、「その〜」という意味を表したいときは、名詞に「ﺍﻝ アル」をつけます。ﺍﻝ アルは名詞の前につけ、後の名詞とつなげて書きます（定冠詞をつけないとき、アラビア語の名詞は限定されない、「1つの」「1人の」という意味を表します）。

　定冠詞の用法は、以下の通りです（この本では定冠詞がつく場合、ヨミガナに"アル・〜"と・をつけています）。

1．限定的意味を表す

　　الْبَيْتُ كَبِيرٌ.　アル・バイトゥ　カビール

　　その家は大きいです。

2．種類を表す

　　الْقَهْوَة　アル・カハワ　コーヒーというもの

3．唯一のものを表す

　　اللّٰه　アッラー　神

　　الْقَمَر　アル・カマル　月

　語尾にタンウィーンがついた名詞に定冠詞をつけると、タンウィーンがとれ、uという発音になります。

　　وَلَدٌ　ワラドゥン　ひとりの男の子

→　الْوَلَدُ　アル・ワラドゥ　その男の子

キーセンテンス ④

بِخَيْرٍ وَالْحَمْدُ لِلّٰهِ.

ビハイル　ワ⌢ル・ハムドゥ　リ⌢ッ・ラー

アッラーのおかげで、元気です。

بِخَيْرٍ =元気で　　　　وَ =そして / と

الْحَمْدُ =感謝すること　لِلّٰهِ =アッラー (神様) へ

　この表現は一部分第 1 章の基本表現 6 でも取り上げました。そのとき紹介した「الحمد لله　アル・ハムドゥ　リ⌢ッ・ラー」と単独で使われるほかに、より丁寧な表現としてこのような形もよく使われます。

　「بخير ビハイル」の「بِ」（ビ）は英語の with にあたる前置詞で「～とともに」の意味で、「ハイル」は「よいこと」という意味です。「بِ」（ビ） + 「خير」（ハイル）を合わせて、「元気な」の意味になります。

　「والحمد ワ⌢ル・ハムドゥ」の「وَ」（ワ）は「そして」という意味です。「ワ + （アル・ハムドゥ）」となるときは、アが省略（このようなとき、⌢の記号で表します）され、「ワ⌢ル・ハムドゥ」となります。また、語順を逆にして الحمد لله بخير（アル・ハムドゥ　リッ⌢ラー　ビハイル）でも用いられます。

تَفَضَّلْ.

(相手が男性の場合)
タファッダル

تَفَضَّلِي.

(相手が女性の場合)
タファッダリー
どうぞ。

　これは何かを勧める場合に「はい、どうぞ」という意味で
使われます。また、別の用法として、後ろに動詞の命令を置
くこともできます。その場合は命令の語意をやわらげる役割
をします。

تفضل اجلس.　　タファッダル　イジュリス
（席を空けて）どうぞ、座ってください。

オマーン、マスカットにて。オマーン人の家で。

　人間に男性と女性の性があるように、アラビア語にも、**無生物の名詞にも、男性と女性の区別がある**のです。ここが日本語の名詞と大きく違うところです。例を挙げてみますと、「مدرسة マドラサ（学校）」は女性名詞ですが、「منزل マンズィル（家）」は男性名詞といった具合です。

　では、それを区別するにはどうしたらよいのでしょうか？、女性名詞の場合、**語尾に「ة ター・マルブータ」のついている場合が多い**のです。これが手がかりとなります。

町　　مدينة　マディーナ
庭　　حديقة　ハディーカ

　ここで注意していただきたいのが、ةで終わる女性名詞について、ةは会話の際には省略されるのが普通だということです。ةの前の音は必ず「ア」という母音です。つまり、「…ア」という母音で終わるように聞こえる名詞はたいてい、女性名詞であるということです。

　職業、身分などを表す名詞にも男女別があります。たいていはそのような名詞の元の形は男性で、それに ة をつければ、女性名詞になります。

محامٍ ＋ ة   ムハーミー（男性の弁護士）
= محامية   ムハーミーヤ（女性の弁護士）

صحفي ＋ ة   サハフィー（男性の記者）
= صحفية   サハフィーヤ（女性の記者）

ة がつかなくても女性名詞のものもあります。その例を挙げます。

A. 自然の性として女性を表すもの
   بنت ビントウ（少女）　أمّ ウンム（母）

B. 体の部分を表す単語で、それが対をなしているもの
   عين アイン（目）　　قدم カダム（足）

C. 慣用的に女性名詞として用いられるもの
   سماء サマー（空）　　دنيا ドンヤー（この世界）
   شمس シャムス（太陽）　أرض アルドウ（土地）

D. 国名や都市名の大部分
   اليابان アル・ヤーバーン（日本）
   فرنسا ファランサー（フランス）
   إيطاليا イーターリヤー（イタリア）
   مصر ミスル（エジプト）

また、男性にも女性にも使われる、両性名詞ともいえる名詞もあります。

سوق　スーク（**市場**）　　حال　ハール（**状態**）

キーセンテンス ⑥

هٰذَا شَايٌّ.

ハーザー　シャーイ
これは紅茶です。

هٰذَا =これ（指示代名詞・男性名詞用）　شَايٌّ =紅茶（男性名詞）

平叙文

まず平叙文を学びましょう。その例として、上のような「これは〜（もの、人の名前など）です」という文型を挙げることができます。アラビア語では主語と述語を併置すれば文になります。英語のように両者を結ぶ be 動詞（現在）はありません。女性名詞では、هذه ハーズィヒ（指示代名詞・女性名詞用）を使い、以下のようになります。

هذه ساعة.　　ハーズィヒ　サーア

これは時計です。

ساعة =時計（女性名詞）

⚫ ワンランクアップ！　　これは〜です

　アラビア語の指示代名詞は、日本語と同様に、基本的に近くのものと遠くのものを指す2種類があります。しかし、実際の日常生活では、近くのものを指す「これ」という表現をよく使います。ですから、ここでは「これ」という意味の言葉を覚えておきましょう。

	指示代名詞
男性名詞用	هذا　　ハーザー　これ
女性名詞用	هذه　　ハーズィヒ　これ

　それでは هذا/هذه 「ハーザー / ハーズィヒ」を使って (1) 〜 (3) の名詞について、「これは〜です」と言ってみてください。

(1) عين （アイン：目　女性名詞）
(2) أنف （アンフ：鼻　男性名詞）
(3) أذن （ウズン：耳　女性名詞）

　それでは、答えです。
(1) ハーズィヒ　アイン　هذه عين.
(2) ハーザー　アンフ　هذا أنف.
(3) ハーズィヒ　ウズン　هذه أذن.

68

キーセンテンス ⑦

مَا هٰذَا؟

マー ハーザー

これは何ですか？

مَا ＝何　　　هٰذَا ＝これは

これは何？

　「これは何ですか？」と尋ねる疑問文を学習しましょう。
文型は以下の形になります。

هٰذَا + مَا ：「何」 + 「これ」 ？

　「مَا マー」は「何」の意味で、アラビア語には英語のよう
に be 動詞がないため、「何＋これ」だけで、文を作ることが
できます。これは尋ねるものが、男性名詞の場合に使います。
尋ねるものが女性名詞とわかっている場合は、「مَا هٰذِهِ؟ マー
ハーズィヒ」となります。

هَلْ هٰذِهِ حَقِيبَتُكَ؟

ハル　ハーズィヒ　ハキーバトゥキ

これはあなたのかばんですか？

هَلْ ＝～ですか？(疑問詞)　　هٰذِهِ ＝これは　　حَقِيبَتُكَ ＝あなたのかばん

疑問文

　次に、疑問文の作り方の基本を覚えましょう。文の冒頭に هل （ハル）をつけるだけで、その文が疑問文になります。「あなたのかばん」という表現は、名詞である「حقيبة かばん」＋「ك あなたの」からなっています。「ك」を含む所有を表す表現は Lesson2 で解説しますので、ひとまずここでは文の意味を理解しておいてください。

「これはあなたのかばんですか？」かばんを置いて何かを待つ女性（カイロ）

疑問文に対しては、以下のように答えます。

نعم، هذه حقيبتي.

ナアム、ハーズィヒ　ハキーバティー
はい、これは私のかばんです。

私のかばん= حقيبتي　これ= هذه　はい= نعم

لا، هذه ليست حقيبتي.

ラー、ハーズィヒ　ライサトゥ　ハキーバティー
いいえ、これは私のかばんではありません。

いいえ= لا　これ= هذه　~でない= ليست　私のかばん= حقيبتي

「はい」は「 نعم ナアム」、「いいえ」は「 لا ラー」です。

否定文

「 ليست ライサトゥ」は「主語（女性名詞）が~でない」という意味を表す動詞です。ハーズィヒとハキーバティーの間に、ライサトゥを入れます。主語が男性名詞の場合には、「 ليس ライサ」という形になります。

لا، هذا ليس شايا.

ラー、　ハーザー　ライサ　シャーイ
いいえ、これは紅茶ではありません。

2 | 入管手続きで

話してみよう

職　　員 : صَبَاحُ الْخَيْرِ.

あきさん : صَبَاحُ النُّورِ.

職　　員 : أَهْلًا وَسَهْلًا.

あきさん : أَهْلًا بِكَ.

職　　員 : جَوَازُ السَّفَرِ مِنْ فَضْلِكِ.

あきさん : تَفَضَّلْ.

職　　員：サバーホ〰ル・ハイル

あきさん：サバーホ〰ン・ヌール

職　　員：アハラン　ワ　サハラン

あきさん：アハラン　ビカ

職　　員：ジャワーズ〰ッ・サファル　ミン　ファドリキ

あきさん：タファッダル

日本語訳 CD 22

職　　員：おはようございます。
あきさん：おはようございます。
職　　員：はじめまして。
あきさん：こちらこそ。
職　　員：パスポートをお願いします。
あきさん：どうぞ。

職　　員 : هَلْ أَنْتِ يَابَانِيَّةٌ؟

あきさん : نَعَمْ، أَنَا يَابَانِيَّةٌ.

職　　員 : عَفْواً، مَا اِسْمُكِ؟

あきさん : اِسْمِي آكِي.

職　　員 : تَفَضَّلِي،
أَهْلاً وَسَهْلاً بِكِ فِي مِصْرَ.

職　　員：ハル　アンティ　ヤーバーニーヤ

あきさん：ナアム、アナー　ヤーバーニーヤ

職　　員：アフワン、マー　イスムキ

あきさん：イスミー　アキ

職　　員：タファッダリー、
　　　　　アハラン　ワ　サハラン　ビキ　フィー　ミスル

日本語訳

職　　員：あなたは日本人ですか？
あきさん：はい、私は日本人です。
職　　員：失礼ですが、お名前は何ですか？
あきさん：（私の名前は）あきです。
職　　員：では、どうぞ（パスポートを渡しながら）。
　　　　　エジプトへようこそ。

　このレッスンでは、「私は〜です」という自己紹介の表現や、名前や出身などを尋ねる表現を覚えます。また、歓迎の言葉も学習します。

　文法では、人称代名詞の使い方を身につけておきましょう。日常会話にはかかせない表現です。

キーセンテンス ①

صَبَاحُ الْخَيرِ.

サバーホ⌢ル・ハイル

おはようございます。

صَبَاحُ النُّورِ.

サバーホ⌢ン・ヌール

おはようございます（返事）。

صَبَاحُ =朝　　الْخَيرُ =善　　النُّورِ =光

　「サバーホ⌢ル・ハイル」は直訳すると、「善の朝」です。これに対して答えるには、同じ言葉で返してもよいですが、普通 صباح النور 「サバーホ⌢ン・ヌール」（直訳で「光の朝」）と返します。

夕方のあいさつは以下のようになります。

مساء الخير マサーウ⌒ル・ハイル

こんばんは

مساء=夕方　 الخير =善

مساء النور マサーウ⌒ン・ヌール

こんばんは（返事）

مساء=夕方　　 النور =光

キーセンテンス②

أَهْلاً وَسَهْلاً.

アハラン　ワ　サハラン

はじめまして（ようこそいらっしゃいました）。

　これは、第1章の基本表現 10 で解説しました。

　「はじめまして、どうぞよろしく」の意味合いで使いますので、覚えておきましょう。

上のアハラン　ワ　サハランをアラビア書道でデザインしたもの
（本田　孝一　筆、ディーワーニー書体）

أَهْلاً بِكَ.

アハラン ビカ

こちらこそ。

أَهْلاً = ようこそ　　بِكَ = あなたを(男性に対して)

第1章の基本表現10で、「アハラン　ワ　サハラン」の返事としては「シュクラン　ありがとう」を使うと述べましたが、その他に上のような表現もあります。むしろこちらの方がよく使われる表現です。この場合「こちらこそ」の意味合いで用いられます。しかし相手が男性か女性かによって、言い方を少し変えなければなりません。

相手が男性の場合　　أَهْلاً بِكَ.　　アハラン　ビカ
相手が女性の場合　　أَهْلاً بِكِ.　　アハラン　ビキ

サウジアラビア南部の砂漠

キーセンテンス ④

جَوَازُ السَّفَر مِنْ فَضْلِك.

ジャワーズ〜ッ・サファル　ミン　ファドリキ
パスポートをお願いします（ください）。

جَوَازُ السَّفَر=パスポート
مِنْ فَضْلِك ~= ~+ =~をお願いします（ください、してください）

~をお願いします

　この表現には、第1章の基本表現8で解説した、ミン
ファドリキ（カ）が使われています。これは、日本語の「お
願いします」や「~してください」のような表現でしたね。
そしてここでも忘れないでほしいのですが、アラビア語では、
話す相手が男性か女性かで言い方を変える場合があります
ので、注意してください。

مِن فَضْلِكَ. 　ミン　ファドリカ　　（相手が男性の場合）
مِن فَضْلِكِ. 　ミン　ファドリキ　　（相手が女性の場合）

　この表現は、以下のように日常会話の様々な場面に使えま
すので、ぜひ覚えましょう。

الأستاذ محمد من فضلك.
アル・ウスターズ　ムハンマド　ミン　ファドリカ
ムハンマドさんをお願いします。
الأستاذ محمد= ムハンマドさん

79

الوصل من فضلك.　　　アル・ワスル　ミン　ファドリカ

領収書をください。

وصل＝領収書

المتحف المصري من فضلك.

アル・マトゥハフ⌒ル・ミスリー　ミン　ファドリカ

エジプト考古学博物館をお願いします（博物館まで行ってく
ださい）。

المتحف المصري ＝エジプト考古学博物館

カイロの中心、タフリール広場にあるエジプト考古学博物館

キーセンテンス⑤

هَلْ أَنْتِ يَابَانِيَّةٌ؟

ハル　アンティ　ヤーバーニーヤ

あなたは日本人ですか？

نَعَمْ، أَنَا يَابَانِيَّةٌ.

ナアム　アナー　ヤーバーニーヤ

はい、私（女性）は日本人です。

أَنْتِ アンティ＝あなた（女性）、（男性の場合 أَنْتَ アンタ）

يَابَانِيَّةٌ ヤーバーニーヤ＝日本人（女性）、（男性の場合 يَابَانِيٌّ ヤーバーニー）

私は〜です

「私は〜です」、「あなたは〜です」という言い方を覚えましょう。「私は〜です」は、「アナー＋〜（〜人、職業など）」といいます。また、「あなたは〜です」は、「アンタ＋〜（〜人、職業など）」といえばよいのです（詳しくはこの章のLesson 3で学びます）。

それでは、「あなたは〜ですか？」と尋ねる場合はどうすればよいでしょうか？　これはすでにLesson 1で学びましたね。アラビア語の疑問文は、下記のように、平叙文の文頭にهل（ハル）をつけるだけで、作ることができるのでしたね。

أَنْتِ يابانية. 「あなた（女性）は日本人です」＋ هل 「〜か？」

→ هل أَنْتِ يابانية؟ 　ハル　アンティ　ヤーバーニーヤ

「あなた（女性）は日本人ですか？」

عَفُواً، مَا اسْمُكِ؟

アフワン、マー　イスムキ（またはマ⌒スムキ）
失礼ですが、お名前は何ですか？

اسْمِي ~.

イスミー～（名前）
私の名前は～。

名前を尋ねる

「アフワン」は「どういたしまして」のほかに、「失礼ですが」という意味を持ちます。

疑問詞「مَا マー」を使った名前を尋ねる表現を覚えましょう。相手が男性の場合は、「مَا اسْمُكَ؟ マー　イスムカ」と尋ねます。

これに対して答える場合は、「イスミー」（私の名前）という表現を使います。これは、男性でも女性でも使えます。

イスムキ／イスミーの構成は、次のようになっています。

اسْمُكِ ＝あなたの名前（相手が女性の場合）

　　　　← 「ـكِ キ」あなたの（女性）＋「اسْم イスム」名前

اسْمِي ＝私の名前

　　　　← 「ـي イー」私の（男女共通）＋「اسْم イスム」名前

キーセンテンス ⑦

أَهْلًا وَسَهْلًا بِكِ فِي مِصْرَ.

アハラン ワ サハラン ビキ フィー ミスル
エジプトへようこそ。

أَهْلًا وَسَهْلًا = ようこそ　　بِكِ = あなたを(女性)

فِي = ～に／で　　مِصْرَ = エジプト

「مِصْر フィー　ミスル」は「エジプトに」の意味を表します。エジプトはアラビア語で、「ミスル」といいます。「فِي フィー」は「～に／で」の意味を表す前置詞です。「アハラン」と合わせて使うと、「エジプトへようこそ」という意味になります。この表現は、外国からの観光客や訪問者を歓迎するときによく使われる表現です。

■アラブ諸国の代表的な国名　CD23

エジプト	مصر	ミスル
ヨルダン	الأردن	アル・ウルドゥン
イラク	العراق	アル・イラーク
シリア	سوريا	スーリヤー
レバノン	لبنان	ルブナーン
サウジアラビア	السعودية	アッ・スウーディーヤ
アラブ首長国連邦 (UAE)	الإمارات العربية المتحدة	アル・イマーラートゥ〜ル・アラビーヤ〜ル・ムッタヒダ
カタール	قطر	カタル
モロッコ	المغرب	アル・マグリブ
チュニジア	تونس	トゥーニス
アルジェリア	الجزائر	アル・ジャザーイル
リビア	ليبيا	リービヤー

■～人 _{CD 24}

エジプト人	مصري	ミスリー
イラク人	عراقي	イラーキー
ヨルダン人	أردني	ウルドゥニー
サウジ人	سعودي	スウーディー
シリア人	سوري	スーリー
レバノン人	لبناني	ルブナーニー

_{CD 25} 🔊 **ワンランクアップ！　出身を尋ねる**

出身を尋ねる表現を覚えましょう。

من أين انت؟

ミン　アイナ　アンタ（男性に対して）／アンティ（女性に対して）

あなたのご出身はどちらですか？

من ＝から　　أين ＝どこ　　انت ＝あなた

初対面の人によく尋ねられたりしますので、この表現を覚えておきましょう。

それに対する答えとしては、次のように言います。

أنا من ～.

アナー　ミン（ミナ）※　私は～出身です。　※ "～" に「定冠詞「ال」＋国名（地名）」がくる場合

～の部分に国名を入れればよいのです。例えば「日本」なら、

أنا من اليابان.

アナー　ミナ⌒ル・ヤーバーン　私は日本から来ました。

文法の<ruby>とことん<rt></rt></ruby>話 ◎ 人称代名詞を学ぼう！

‥‥‥‥‥‥‥‥‥‥‥‥‥‥‥‥‥‥‥‥‥‥‥‥

　ここでは、人称代名詞を取り上げます。人称代名詞というのは、「私」「あなた」「彼」「彼女」「私たち」など、人を指す代名詞ですね。

　まず注意すべき点は、**2人称、3人称について、男女の区別があること**です。

　またもう1つおもしろい点があります。それは**数の区別**です。日本語では単数、つまり1人か、複数かによって呼び方を変えますね。アラビア語ではその間に**「双数」つまり「2人の〜」という数え方がある**のです。

　例えば、3人称「彼」について見てみましょう。アラビア語では、「彼は」は「هو ホワ」、「2人の彼らは」は「هما ホマー」、「3人以上の彼らは」は「هم ホム」というふうに使い分けるのです。

　これについては、人称代名詞だけではなく普通の名詞でも同じで、単数、双数、複数の形があるのです。このように、アラビア語では3種類の数のとらえ方があることを覚えておきましょう。

(例)	単数	كتاب	キターブ	1冊の本
	双数	كتابان	キターバーニ	2冊の本
	複数	كتب	クトゥブ	3冊以上の本

●格

　例えば、英語には「私」を表す人称代名詞でも3つあります。「私は」→「I」、「私を」→「me」、「私の」→「my」というものです。主語になる形、目的語の形、所有格の形がそれぞれ決まっています。語の文中での働きを「**格**」といいます。アラビア語にも、以下3種類の格があります。名詞、人称代名詞、形容詞は、格変化があります。

1. 主格　主語を表す。「〜は」「〜が」を意味する。

　アラビア語では語尾が「un」という音になる。

本は　كتابٌ　キターブン

2. 属格　所有格ともいう。所有を表す。「〜の」を意味する。
   アラビア語では語尾が「in」という音になる。

   本の　كِتَابٍ　キタービン

3. 対格　目的格ともいう。動作の対象を表す。「〜を」を意
   味する。

   アラビア語では語尾が「an」という音になる。

   本を　كِتَابًا　キターバン

人称代名詞（主格）

人称代名詞をまとめておきます。まず、**主格**を覚えておき
ましょう。

人称代名詞（主格）

私は	أَنَا	アナー
私たち（2人以上）は	نَحْنُ	ナハヌ
あなた（男性）は	أَنْتَ	アンタ
あなた（女性）は	أَنْتِ	アンティ
あなたたち（2人）は	أَنْتُمَا	アントゥマー
あなたたち（3人以上、男性）は	أَنْتُمْ	アントゥム
あなたたち（3人以上、女性）は	أَنْتُنَّ	アントンナ
彼は	هُوَ	ホワ
彼女は	هِيَ	ヒヤ
彼（彼女）ら（2人）は	هُمَا	ホマー
彼ら（3人以上）は	هُمْ	ホム
彼女たち（3人以上）は	هُنَّ	ホンナ

男女混合の2人の場合は、هما ホマーを使います。また、
男女混合の3人以上の場合は、هم ホムを使います。

人称代名詞（属格）

　次に、「あなたの」「私の」など「〜の」という表現を見て
いきましょう。これを、人称代名詞の**属格**といいます。

　アラビア語では、人称代名詞の属格は、単語の後ろに次に
示す接尾辞を加えることで表現できます。必ず単語につけて
一語で書きます。2人称は「k」、3人称は「h」の音で共
通しています。

単数の場合（属格）

人称	性別	接尾辞	
1人称	男・女	ـِي	--イー
2人称	男	ـَكَ	--カ
	女	ـِكِ	--キ
3人称	男	ـﻪُ	--ホ
	女	ـهَا	--ハー

双数・複数の場合（属格）

数 人称	男性・女性 双数		男性複数		女性複数	
1人称	ـنَا	--ナー	ـنَا	--ナー	ـنَا	--ナー
2人称	ـكُمَا	--クマー	ـكُمْ	--クム	ـكُنَّ	--クンナ
3人称	ـهُمَا	--ホマー	ـهُمْ	--ホム	ـهُنَّ	--ホンナ

これらを名詞の語尾につけて、「私の〜」などの表現を作ることができます。

　まず、会話でよく使う「私の」「あなたの」という表現から覚えていきましょう。

　まず、「私の〜」という場合は、「ي（イー）」をつければよいのです。男性でも女性でも用いることができます。

　また、「あなたの〜」という場合は、男性の場合は、名詞の後ろに「ك（カ）」を、女性の場合は、「ك（キ）」をつければよいのです。

　例えば、「عمل アマル（仕事）」という名詞については以下のようになります。

私の仕事　عملي　アマリー　←　ي　イー　＋　عمل　アマル

あなた（男性）の仕事　عملك　アマルカ　←　ك　カ　＋　عمل　アマル

あなた（女性）の仕事　عملك　アマルキ　←　ك　キ　＋　عمل　アマル

　他にもいろいろな名詞に「私の」、「あなたの」をつけてみましょう。次のようになります。

私の名前　اسمي　・イスミー　←　ي　・イー　＋　اسم　イスム（名前）

あなたの本　كتابك　キタープカ　←　كَ　カ　+　كتاب　キタープ（本）

私の本　كتابي　キタービー　←　ي　イー　+　كتاب　キタープ（本）

私のペン　قلمي　カラミー　←　ي　イー　+　قلم　カラム（ペン）

　ちなみに属格のついた名詞には、定冠詞「لـ（アル）」をつけることはできません。

「ミン　アイナ　アンタ（あなたはどちらのご出身ですか）」というタイトルのイラクの子どもの本

文法の とことん 話 ◎ 名詞文って何?

　アラビア語には、「名詞文」というものがあります。名詞文というのは、名詞で始まる文のことで、文の語順、意味は次のようになります。

　◎基本的な構造　主語 ＋ 述語

　◎意味　（主語）〜は（述語）〜です。

هو موظف.

ホワ　ムワッザフ

彼は会社員です。

هو ＝彼は　　　موظف ＝会社員

主語には次のような言葉がきます。

人称代名詞（主格）： أنا アナー　私は、

　　　　　　　　　　　أنت アンタ　あなたは　など

固有名詞：地名または人名など

指示代名詞： هذا ハーザー（ هذه ハーズィヒ）これは　　　など

定冠詞アル（ الـ ）＋名詞　など

また、述語には以下のような言葉がきます。

名詞： شركة シャリカ **会社**　　طالب ターリブ **学生** など

形容詞： لذيذ ラズィーズ **おいしい**　　جميل ジャミール **美しい**
など

前置詞＋名詞： في المقهى フィ⌒ル・マクハー **喫茶店で**
など

(المقهى = 喫茶店、　　في = ～で)

(例)

هذه صديقتي.　　これは私の友達（女）です。

ハーズィヒ　サディーカティー

主語（指示代名詞）＋述語（名詞＋人称代名詞＜属格＞）

اللغة العربية صعبة.　　アラビア語は難しいです。

アッ・ルガトゥ⌒ル・アラビーヤ　サアバ

主語（定冠詞＋名詞＋定冠詞＋形容詞）＋述語（形容詞）

　この例文の述部の「صعبة サアバ」（難しい）は、主語
の性と一致させています。主語の「اللغة アッ・ルガトゥ」
（アラビア語）は女性名詞ですから、サアバは女性形になっ
ています。

　このように、アラビア語では形容詞が男性形と女性形を
持っています。Lesson 6 で詳しく解説します。

3 税関で

CD 26 話してみよう

هَلْ كَتَبْتِ الْاِسْتِمَارَةَ؟ : 税関の人

نَعَمْ، تَفَضَّلْ. : あきさん

عَفْواً، مَا عَمَلُكِ؟ : 税関の人

أَنَا طَالِبَةٌ. : あきさん

税関の人：ハル　カタブティ⌒ル・イスティマーラ

あきさん：ナアム、タファッダル

税関の人：アフワン　マー　アマルキ？

あきさん：アナー　ターリバ

 日本語訳　CD 27

税関の人：入国カードは記入しましたか？
あきさん：はい、どうぞ。
税関の人：すみませんが、お仕事は何ですか？
あきさん：私は学生です。

話してみよう（続き）

税関の人 : مَاذَا فِي حَقِيبَتِكِ؟

あきさん : مَلَابِسُ وَبَعْضُ الْكُتُبِ.

税関の人 : حَسَناً تَفَضَّلِي، إِقَامَةً سَعِيدَةً.

あきさん : شُكْراً جَزِيلاً.

税関の人：マーザー　フィー　ハキーバテゥキ？

あきさん：マラービス　ワバァドゥ⌒ル・クトゥブ

税関の人：ハサナン　タファッダリー、イカーマ　サイーダ

あきさん：シュクラン　ジャズィーラン

日本語訳

税関の人：あなたのかばんには何が入っていますか？
あきさん：服と本が何冊か入っています。
税関の人：では、どうぞ。良いご滞在を。
あきさん：どうもありがとうございます。

ここでは会話でよく使う職業名を覚えましょう。文法では、動詞文、動詞の活用、前置詞について学びましょう。

キーセンテンス ①

هَلْ كَتَبْتِ الْاِسْتِمَارَةَ؟

ハル　カタブティ⌒ル・イスティマーラ
入国カードは記入しましたか？

كَتَبْتِ =あなた（女性形）は〜書いた　الْاِسْتِمَارَةُ =入国カード

「كتبت　カタブティ」は動詞「書く」の完了形の كتب と「あなたは（女性の場合）」を示す活用語尾 ت の組み合わさったものです。これは本 Lesson の「文法のとことん話」の「動詞の完了形の活用」をご覧ください。動詞の完了形である كتب は「彼は書いた」を表します。

また、この文には主語がありませんが、動詞の形で主語が判別できますので、特に不都合はありません。

●入国カードについて

国によっては入国カードを指す言葉は違ってきます。上記のほかに、「النموذج アン・ナムーダグ」（所定申し込みカード）と「كرت الدخول カルトゥ⌒ドホゥール」（入国カード）という言葉も使われます。

キーセンテンス ②

عَفْوًا.

アフワン
すみませんが。

　第1章では「どういたしまして」という意味で解説しましたが、「すみません」「失礼ですが」などの意味もあります。質問をするときや、人にぶつかったり、足を踏んだりした場合にも使います。

キーセンテンス ③

مَا عَمَلُكِ؟

マー　アマルキ？
あなたのお仕事は何ですか？

مَا ＝何？（疑問詞）　　عَمَلُكِ ＝あなた（女性）の仕事

職業

　アラビア語で「仕事」とは、「عمل　アマル」です。Lesson 2で練習しましたね。

أَنَا طَالِبَةٌ.

アナー　ターリバ
私は学生です。

أَنَا ＝私

طَالِبَةٌ ＝学生（女性）　　（男子学生の場合　طَالِبٌ ＝ ターリブ）

　自分の職業、国籍などを述べるときには「〜＋ أَنَا 」（アナー〜）と言います。「あなたの仕事は何ですか?」という問いかけに対しては、「私の仕事は〜です」という答え方をするよりも、「〜＋ أَنَا アナー＝私は〜（職業名）です」と答えるほうが普通です。以下例を挙げます。

私は会社員です。

أَنَا مُوَظَّف / مُوَظَّفَة.

アナー　ムワッザフ（男性）／ムワッザファ（女性）

私は学生です。

أَنَا طَالِب / طَالِبَة.

アナー　ターリブ（男性）／ターリバ（女性）

私は記者 / ジャーナリストです。

أَنَا صَحَفِي / صَحَفِيَّة.

アナー　サハフィー（男性）／サハフィーヤ（女性）

また、国籍を言う場合は、以下のようになります。

> 基本文型：アナー（人称）＋国籍を表す形容詞

（例）**私は日本人です。**

アナー　ヤーバーニー（男性）／ヤーバーニーヤ（女性）

أنا ياباني / يابانية.

私はエジプト人です。

アナー　ミスリー（男性）／ミスリーヤ（女性）

أنا مصري / مصرية.

　ここで、男性名詞と女性名詞を復習しておきます。ほとんどの職業、身分に男女別がありますが、たいていの男性名詞に ة をつければ、女性名詞になるのでしたね。

محامٍ + ة　ムハーミー（弁護士・男性）

= محامية　ムハーミーヤ（弁護士・女性）

صحفي + ة　サハフィー（記者・男性）

= صحفية　サハフィーヤ（記者・女性）

　その他、次の職業を挙げますので、アラビア語で「私は〜です」と言ってみましょう。

職業名：① **医者**：طبيب タビーブ（男性）

طبيبة タビーバ（女性）

② **エンジニア**：مهندس ムハンディス（男性）

مهندسة ムハンディサ（女性）

③ **先生**：مدرس ムダッリス（男性）

مدرسة ムダッリサ（女性）

مَاذَا فِي حَقِيبَتِكَ؟

マーザー フィー ハキーバテゥキ?
あなたのかばんの中には何が入っていますか?

مَاذَا =何が　　فِي =の中に　　حَقِيبَتِكَ =あなたのかばん

何が〜？と尋ねる表現

「 ماذا （マーザー）」は、「何が？」を表す疑問詞です。
Lesson 1 で「 ما マー」という言葉を学びましたが、ほかに
このマーザーがあります。使い方は上の例のほかに、動詞と
組み合わせて使われるケースが多いです。

何をしているのですか？

ماذا تفعل/ تفعلين؟　　マーザー　タフアル（男性に対して）／
　　　　　　　　　　　　マーザー　タフアリーナ（女性に対して）

何を食べているのですか？

ماذا تأكل/ تأكلين؟　　マーザー　タアクル（男性に対して）／
　　　　　　　　　　　　マーザー　タアクリーナ（女性に対して）

何が欲しいのですか？

ماذا تريد/ تريدين؟　　マーザー　トゥリードゥ（男性に対して）／
　　　　　　　　　　　　マーザー　トゥリーディーナ（女性に対して）

「 فِي フィー」は「〜の中に」、または、「〜で」の意味を表
す前置詞です。フィーの後には、地名や国名、場所などが入
ります。

（例）

في حقيبتك　フィー　ハキーバテゥキ　あなたのカバンの中に

في بيتي　フィー　バイティー　私の家で

في مصر　フィー　ミスル　エジプトで

　フィーの後にくる名詞に、定冠詞の「ال アル」がつく場合があります。その場合は、フィーは「フィ」と短くなります。

　ところでこの定冠詞「アル」とは、「その」という意味を表し、ものを限定、指定する場合に使われるのでしたね。復習しておきましょう。

درست في جامعة.　ダラストゥ　フィー　ジャーミア
私は（どこかの）大学で勉強しました。

درست في الجامعة.　ダラストゥ　フィ⌒ル・ジャーミア
私はその大学（特定の大学）で勉強しました。

مَلَابِسُ وَبَعْضُ الْكُتُبِ.

マラービス ワ バァドゥール・クトゥブ
服と本が何冊か入っています。

مَلَابِسُ=服　　وَ=～と　　بَعْضُ=少しの　　الْكُتُبِ=本(複数)

「بعض バァドゥ」は、「少しの～」を表します。「バァドゥ
＋名詞（限定複数）」という形で使います。

حَسَناً تَفَضَّلِي، إِقَامَةً سَعِيدَةً.

ハサナン タファッダリー、イカーマ サイーダ
では、どうぞ。良いご滞在を。

تَفَضَّلِي=どうぞ（相手が女性の場合）　　إِقَامَةً=滞在

سَعِيدَةً=幸福な（ここでは楽しいの意味合いが強い）

حَسَناً=よろしい

「حسناً ハサナンは、「よろしいです／結構です」などの意
味です。相手の話への理解または承諾などの意思表示を示す
ときに使います。この単語は「よい（good）」という意味の
形容詞（対格）です。

（例）حسناً، فهمت　よし（はい）、わかりました。
　　　ハサナン　ファヒムト
　　　فهمت ＝「私はわかりました」の意

「إقامة سعيدة イカーマ　サイーダ」は「楽しいご滞在を」
と、相手を歓迎するときに使う慣用的な表現です。英語の
welcome のような意味です。إقامة は「滞在」の意味の女性
名詞、سعيدة は、「幸福な」の意味の形容詞の女性形です。「
إقامة イカーマ」と「سعيدة サイーダ」の2つの言葉を合わ
せて、「楽しい滞在」という意味です。

　形容詞は名詞を修飾する際に、名詞の後にきます。また、
前の名詞の性に一致させなければなりません。

カイロの目ぬき通り

2

第2章　Lesson3　税関で

103

文法のとことん話 ◎ 動詞を学ぼう！（完了形）

アラビア語の動詞には、基本的に次のような特徴があります。

① たいてい3文字からなり、その文字3つを、それぞれ第1語根、第2語根、第3語根といいます。このような動詞を **三語根動詞** といいます。例えば、動詞の「کتب カタバ」（書いた）は「ك」と「ت」と「ب」の3語根からなっています。

② アラビア語の動詞の原形は男性の **3人称単数過去形** です。例えば、動詞の「کتب カタバ」（書いた）の場合、厳密には「彼が書いた」の意味になります。また、この動詞の原形は、辞書の見出し語としても使用されています。

③ アラビア語の動詞は基本的に **完了形（過去形）** と **未完了形** の2種類から成り立っています。

完了形は **すでに完了した動作** を表し、**過去** を表します。

未完了形は、今やっていること、これからやろうとしていることを表します。つまり、**まだ完了していない動作** を表すのです。つまり、英語やフランス語のように、過去、現在、未来といった3区分でないことが特徴です。

④ アラビア語の動詞の活用は、**人称、性、数** の変化に応じて、語尾の形を変えていきます。

　　アラビア語の辞書の「 كتب 」の項を開いてみると、下記のように、動詞の原型（完了形の「 كتب 」）のほかに、「書く」に関する様々な語が並んでいます。

كاتب	カーティブ	作家
كتاب	キターブ	本
مكتب	マクタブ	机、事務所
مكتبة	マクタバ	図書館

図書館（マクタバ）で本（キターブ）を読むクウェートの子どもたち

■ 完了形の活用

では、كتب カタバ（書いた）の活用を見てみましょう。

人称・数・性	アラビア語
3人称 単数 男性 （彼は - 書いた）	كَتَبَ kataba （カタバ）
3人称 単数 女性 （彼女は - 書いた）	كَتَبَتْ katabat （カタバット）
2人称 単数 男性 （あなたは - 書いた）	كَتَبْتَ katabta （カタブタ）
2人称 単数 女性 （あなたは - 書いた）	كَتَبْتِ katabti （カタブティ）
1人称 単数 （私は - 書いた）	كَتَبْتُ katabtu （カタブトゥ）
3人称 双数 男性 （彼ら2人は - 書いた）	كَتَبَا katabaa （カタバー）
3人称 双数 女性 （彼女たち2人は - 書いた）	كَتَبَتَا katabataa （カタバター）
2人称 双数 （あなたたち2人は - 書いた）	كَتَبْتُمَا katabtumaa （カタブトゥマー）
3人称 複数 男性 （彼らは - 書いた）	كَتَبُوا katabuu （カタブー）
3人称 複数 女性 （彼女たちは - 書いた）	كَتَبْنَ katabna （カタブナ）
2人称 複数 男性 （あなたたちは - 書いた）	كَتَبْتُمْ katabtum （カタブトゥム）
2人称 複数 女性 （あなたたちは - 書いた）	كَتَبْتُنَّ katabtunna （カタブトゥンナ）
1人称 複数 （私たちは - 書いた）	كَتَبْنَا katabnaa （カタブナー）

上記の「كتب カタバ」は語根です。第3語根から、人称により変化しています。これが完了形の動詞の活用ですが、他のどの動詞でもほぼ同じ活用をします。

　この動詞の活用変化を簡単に覚えるコツは、カタバに付いている接尾辞を覚えることです。以下に「人称で変化する部分」のみを書き抜いてみましたので、この接尾辞を覚えましょう。

彼	＿（なし）
彼女	＿t
あなた（男性）	＿（第3語根子音）ta
あなた（女性）	＿（第3語根子音）ti
私	＿（第3語根子音）tu

彼ら2人	＿aa
彼女たち2人	＿taa
あなたたち2人	＿（第3語根子音）tumaa

彼ら	＿uu
彼女たち	＿（第3語根子音）na
あなたたち（男性）	＿（第3語根子音）tum
あなたたち（女性）	＿（第3語根子音）tunna
私たち	＿（第3語根子音）naa

　アラビア語をうまく使いこなすために、動詞の原形から様々な語いを取り出す方法や、逆に単語から原形を引き出す方法を身につけることが重要です。動詞の原形から派生する様々な単語を覚えることで、語いが増え、表現能力が高まります。

■ 疑問文・否定文の作り方

　続いて、動詞の入った疑問文と否定文についても学習しましょう。

　まず、疑問文ですが、文頭に「هل　ハル」をつけます。

　また否定文は完了形の場合、文頭に「ما　マー」をつけるだけで作ることができます。否定文の形はほかにもありますが、まずはこれを覚えましょう。

今日は学校へ行きましたか？

هل ذهبت إلي الجامعة اليوم؟

ハル　ザハブタ　イラ⌒ル・ジャーミア　ル・ヤウム？

いいえ、行きませんでした。

لا. ما ذهبت.

ラー、マー　ザハブトゥ

هل =〜か？　　　ذهبت =あなたは行きました（男性の場合）

إلي =〜へ　　　الجامعة =大学　　　اليوم =今日

لا =いいえ　　　ما =〜でない

■ 動詞文

　ここは、動詞文について説明します。動詞文とは動詞で始まる文のことです。動詞文の基本的語順は以下の通りです。

動詞　＋　（主語）　＋　目的語

درست اللغة العربية.

目的語　　　　動詞

ダラストゥ⌒ッ・ルガトゥ⌒ル・アラビーヤ

私はアラビア語を勉強しました。

درست= 私は勉強しました　　　اللغة العربية= アラビア語

　前にも述べた通り、動詞の主語は人称代名詞の場合、活用した動詞の中に含まれているので、主語は省略されることが多いのです。そのようなケースでは、動詞の活用語尾がその動詞の主語を表しているわけです。以下、例を見てみましょう。

أكلت الطعام.

目的語　　動詞

アカルトゥ⌒ッ・タアーム

私は食べ物を食べました（食事をしました）。

أكلت= 私は食べました　　　الطعام= 食べ物

または、まれではありますが、主語を強調する場合は、下記のように、文頭に主語を置くこともあります。

أَنَا درسْتُ اللُّغَةَ العَرَبِيَّةَ.

| 目的語 | 動詞 | 主語 |

アナー　ダラストゥ⌒ッ・ルガトゥ⌒ル・アラビーヤ

私はアラビア語を勉強しました。

أَنَا = 私　　 درسْت = 私は勉強しました　　 اللغة العربية = アラビア語

　動詞文においては、主語が人称代名詞ではなく、名詞である場合に限っていえば、たとえその主語が複数、双数であっても、文の冒頭に出てくる動詞の活用は、**単数**を使います。つまりそのような場合、動詞文の文頭の動詞は、3人称男性単数か、女性単数のどちらかになるわけです。

その学生達はレストランへ行きました。

ذَهَبَ الطُّلَّابُ إِلَي المَطْعَمِ.

ザハバ⌒ッ・トゥラーブ　イラ⌒ル・マトゥアム

المطعم = レストラン　　 إلي = ～へ　　 الطلاب = 学生達　　 ذهب = 彼は行った

その子ども達は食べ物を食べました。

أَكَلَ الأَوْلادُ الطَّعَامَ.

アカラ⌒ル・アウラードゥ⌒タアーム

أَكَل = 彼は食べた　　 الأَوْلاد = 子ども達　　 الطعام = 食べ物

　また、主語が人間以外の場合も、その男女の性差に合わせて、動詞を活用させます。

قطّتي أكلت السمك.

ケッタティー　アカラティ⌒ルサマク

私のネコは魚を食べました。

قطّتي =私のネコ（雌ネコ）　　أكلت =彼女は食べました

السمك =魚

コンピューターを勉強しているエジプトの中学生

● 時を表す表現

　動詞の入った文は、時を表す表現を伴うことが多いです。
代表的な表現を覚えましょう。

朝に	صباحاً	サバーハン
夕方に	مساءً	マサーアン
夜に	ليلاً	ライラン

（別の言い方）

朝に	في الصباح	フィ⌒ッ・サバーフ
夕方に	في المساء	フィ⌒ル・マサー
夜に	في الليل	フィ⌒ッ・ライル

| 昨日 | أمس | アムス |
| 今日 | اليوم | アル・ヤウム |

| 1カ月前に | منذ شهر | ムンズ　シャハル |

私は1カ月前にエジプトへ行きました。

ذهبت إلى مصر منذ شهر.

ザムブトゥ　イラ　　ミスル　ムンズ　シャハル

ギザのピラミッドの前で。付近には観光用のラクダがおり、乗ることができる。しか
し、乗る際にはラクダ使いにボラれないように、くれぐれも御注意を！

Lesson 4 | 空港の到着ロビーで

CD 30 話してみよう

モーメンさん : كَيْفَ حَالُكِ؟

あきさん : بِخَيْرٍ وَالْحَمْدُ لِلّهِ، وَأَنْتَ؟

モーメンさん : بِخَيْرٍ وَالْحَمْدُ لِلّهِ.

あきさん : أَيْنَ تَسْكُنُ يَا أُسْتَاذُ مُؤْمِن؟

モーメンさん : أَسْكُنُ هُنَا فِي مِنْطَقَةِالْـمَعَادِي.

第2章 Lesson4　空港の到着ロビーで

モーメンさん：カイファ　ハールキ

あきさん：ビハイリ　ワ〜ル・ハムド　リ〜ッ・ラー、ワ　アンタ?

モーメンさん：ビハイリ　ワ〜ル・ハムド　リ〜ッ・ラー

あきさん：アイナ　タスクヌ　ヤー　ウスターズ　モーメン

モーメンさん：アスクヌ　ホナー　フィー　ミンタカトゥ〜ル・マアーディー

 日本語訳　CD 31

モーメンさん：お元気ですか?
　　あきさん：元気です。あなたは?
モーメンさん：私も元気です。
　　あきさん：モーメンさんは、どちらに住んでいらっしゃる
　　　　　　　のですか?
モーメンさん：このあたりの、アル・マアーディーという地
　　　　　　　域に住んでいます。

115

話してみよう（続き）

あきさん : هَلْ تَسْكُنْ مَعَ أُسْرَتِكَ؟

モーメンさん : لَا، أَسْكُنُ بِـمُفْرَدِي.

هَيَّا بِنَا نَذْهَبْ.

あきさん 　　：ハル　タスクヌ　マア　ウスラトゥカ

モーメンさん：ラー、アスクヌ　ビムフラディー

　　　　　　　　ハイヤー　ビナー　ナズハブ

日本語訳

　あきさん：家族と一緒に住んでいるのですか？
モーメンさん：いいえ、１人で住んでいます。
　　　　　　　では、行きましょう。

　ここでは、住んでいる場所を尋ねる表現と、「～しましょう」という人を誘う表現などを学びましょう。また文法では、敬称と未完了形を学びます。

キーセンテンス ①

كَيْفَ حَالُكِ؟

カイファ　ハールキ
お元気ですか？

كَيْفَ =どのように　　حَالُكِ =あなた (女性) の状態

　「お元気ですか？」「いかがお過ごしですか？」という意味で用いられます。また相手が男性の場合、حَالُكَ ハールカというふうに、語尾が変化します。この表現は第 1 章の基本表現 5 と同じです。

キーセンテンス ②

أَيْنَ تَسْكُنُ يَا أُسْتَاذُ مُؤْمِن؟

アイナ　タスクヌ　ヤー　ウスターズ　モーメン
モーメンさんは、どちらに住んでいらっしゃるのですか？

أَيْنَ =どこ　　تَسْكُنُ =あなたは住んでいる (2 人称・男性単数)

يَا =呼び掛け　　أُسْتَاذُ =～さん (男性用)

未完了形

　「أَيْنَ アイナ」は、「どこ」にあたる疑問詞で、場所や所在地を尋ねる際に使います。

「نسكن タスクヌ」は「住む」の未完了形・2人称・男性単数です。この原形は「سكن サカナ」（完了形）です。未完了形を作るため、まず、3人称・男性単数を見てみましょう。

①「سكن」に接頭辞の「ي」（ヤ）をつけます。②それに加え、3語根の母音を次のように変化させます。

第1語根は子音、第2語根の母音は動詞によって異なります。第3語根の母音はｕにそれぞれ変えます。それを図で表すと下のようになります。

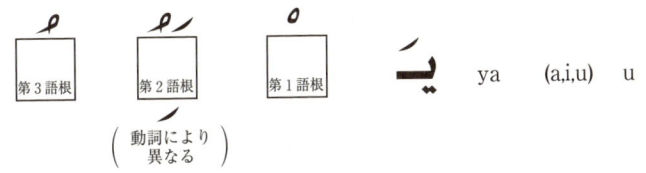

| 第3語根 | 第2語根 | 第1語根 | ي | ya | (a,i,u) | u |

（動詞により異なる）

完了形　　　→　　　未完了形

＜第2語根の母音がａの例＞

ذَهَبَ（行った）ザハバ → يَذْهَبُ（行く）ヤズハブ

＜第2語根の母音がｉの例＞

جَلَسَ（座った）ジャラサ → يَجْلِسُ（座る）ヤジュリス

＜第2語根の母音がｕの例＞

سَكَنَ（住んだ）サカナ → يَسْكُنُ（住む）ヤスクヌ

未完了形も、完了形と同様に人称によって変化します。活用の仕方は、人称の変化に応じて、接頭辞や接尾辞をつけ加えます。先ほどの「نسكن タスクヌ」は接頭辞が「تـ」（タ）となります。未完了形の活用と使い方は、「文法のとことん話」をご覧ください。

■敬称 CD 32

「أستاذ ウスターズ」は、男性の名前の前につけて、「～さん」という敬称を表します。「～さん」にあたる表現は、その人の年齢や性別、職業などによって変わります。以下、他のよく使う表現を挙げます。

●男性に対して

カーセイムさん

السيد + قاسم　アッ・サイイドウ　カーセイム

السيد ＝～さん（男性に対して）

قاسم ＝カーセイム：人名（男性名）

●女性に対して

一般的には既婚の女性に使う表現です。

スアードさん

السيدة سعاد　アッ・サイイダ　スアード

السيدة ＝～さん（女性に対して）

سعاد ＝スアード：人名（女性名）

※未婚の女性には以下の敬称を使います。

الآنسة مُنى　アル　アーニサ　ムナー（ムナーさん）

●～先生

相手が先生の場合、さらには先生であってもなくても、「～さん」の敬称として幅広く使われます。フォーマルな場面で使われます。

アハマド先生／アハマドさん

الأستاذ أحمد　アル・ウスターズ　アハマド

الأستاذ =〜先生（男性に対して）

أحمد =アハマド：人名（男性名）

イマーン先生／イマーンさん

الأستاذة إيمان　アル・ウスターザ　イマーン

الأستاذة =〜先生（女性に対して）

إيمان =イマーン：人名（女性名）

●医者や博士、大学の先生

ワリード博士

الدكتور وليد　アッ・ドゥクトゥール　ワリード

الدكتور =医師／博士（男性に対して）

وليد =ワリード：人名（男性名）

カリーマ博士

الدكتورة + كريمة　アッ・ドゥクトゥーラ　カリーマ

الدكتورة =医師／博士（女性に対して）

كريمة =カリーマ：人名（女性名）

●年配の方

　次の表現は本来、メッカ[マッカ]（巡礼）を終えた人に対してしか使わない表現です。イスラム教徒に対してのみ使われます。しかし、年配の方やお年寄りの人に対して、一般

的な敬称としてもよく使われます。

アッバースさん

الحاج عباس　アル・ハーッジ　アッバース

الحاج　＝〜さん（男性に対して）

عباس　＝アッバース：人名（男性名）

ハディージャさん

الحاجة خديجة　アル・ハーッジャ　ハディージャ

الحاجة　＝〜さん（女性に対して）

خديجة　＝ハディージャ：人名（女性名）

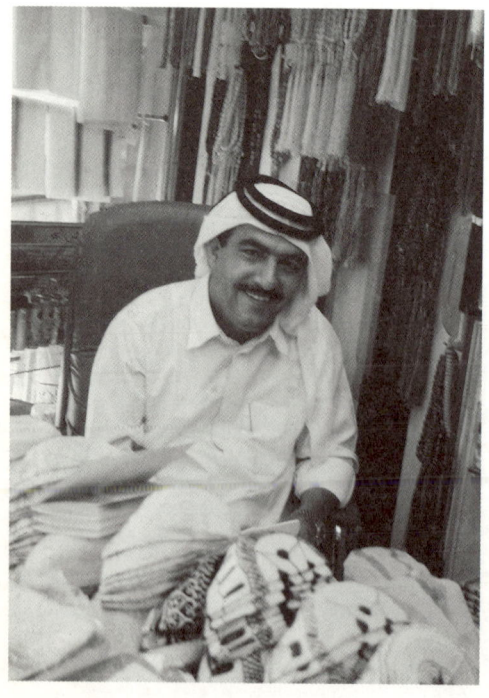

UAE、ドバイのスーク
（市場）で。「カイファ
ル・ハール」とあいさ
つされました。

أَسْكُنُ هُنَا فِي مِنْطَقَةِ الْمَعَادِي.

アスクヌ　ホナー　フィー　ミンタカトゥル・マアーディー

このあたりの、アル・マアーディーという地域に住んでいます。

أَسْكُنُ=住んでいる　هُنَا=このあたりの　فِي=～に
مِنْطَقَة=地域 / 地区　الْمَعَادِي=アル・マアーディー（地名）

「هُنَا ホナー」は「ここ」を表します。これに対して、「هُنَاك ホナーカ」は「そこ」「あそこ」を表します。これらは、動詞文の場合、動詞の後にきます。

私はここに住んでいます。

أَسْكُن هُنَا.　アスクヌ　ホナー

名詞文（存在を表す文）の場合、普通文頭にきます（文末にきてもよいです）。

ここに私の大学があります。

هُنَا جَامِعَتِي.　ホナー　ジャーミアティー

また、「ここ」「あそこ」という表現には、こういう言い方もあるので覚えておきましょう。

ここですか？　それともあそこですか？

هُنَا أَمْ هُنَاك؟　ホナー　アム　ホナーカ

أَمْ=または / それとも

123

هَلْ تَسْكُنُ مَعَ أُسْرَتِكَ؟

ハル　タスクヌ　マア　ウスラトゥカ
家族と一緒に住んでいるのですか？

هَلْ=〜か？　تَسْكُنُ=あなたは住む（2人称の男性・単数）

مَعَ=一緒に / と　أُسْرَتِكَ=あなたの家族（女性名詞）

　前に述べたように、「تسكن タスクヌ（住む）」は「سكن サカナ」の未完了形2人称男性の活用です。前置詞の「مع マア」と一緒に使うと、「〜と一緒に住む」という意味になります。

　「أسرتك ウスラトゥカ」は名詞の「أسرة ウスラ」（家族）と2人称男性単数の人称代名詞「ك カ」（属格）との組み合わせです。アラビア語では、「あなたの」「私の」のような表現の場合は、「ي イー」（私の）、「ك カ」（あなたの・男性）、「ه ホ」（彼の）などのような人称代名詞（属格）を名詞の語尾に接続するのでしたね。

　「أسرة ウスラ」（家族）のように、「ة ター・マルブータ」で終わる単語の場合は、人称代名詞（属格）を接続させるとき、次のように、開いた「ت ター」に変えてから接続させます。

أُسْرَتِي = ـي + أُسْرَت ← أَسْرَة
私の家族　私の　家族　家族

124

キーセンテンス ⑤

لَا، أَسْكُنُ بِمُفْرَدِي.

ラー、アスクヌ　ビムフラディー

いいえ、一人で住んでいます。

لَا =いいえ　　أَسْكُنُ =私は住んでいます　　بِمُفْرَدِي =一人で

　「لَا ラー」は「いいえ」に相当する否定詞でしたね。

　「بِمُفْرَدِي ビムフラディー」は「1人で」の意味です。例えば、「أَذْهَب بِمُفْرَدِي アズハブ　ビムフラディー」（私は1人で行く）などの使い方ができます。

　ちなみに、1人でないときは、「أَذْهَب アズハブ」（私は行く）、「أَسْكُن アスクヌ」（私は住む）などの動詞に、「مع　マア」（～と一緒に）という前置詞をつけ加えます。

هَيَّا بِنَا نَذْهَبُ.

ハイヤー　ビナー　ナズハブ

では、行きましょう。

هَيَّا =さあ、〜しましょう　　بِنَا =私たちと

نَذْهَبُ =私たちは行く・1人称複数未完了形

〜しましょう

「هَيَّا ハイヤー」は「さあ、〜しましょう」という意味のかけ声です。「بِنَا ビナー」は「私達と」という意味です。ビは前置詞で「〜と」を表します。ナーは、人称代名詞（属格）の1人称複数形で「私たちの」を表します。

ハイヤー　ビナーに、動詞未完了形（1人称複数形）を続けることで、「さあ、〜しましょう」という表現となります。

このハイヤーは単独でも使えます。

さあ、食べましょう。

هيا نأكل.

ハイヤー　ナウクル

シリア、ダマスカスのレストランで出されたアラブ料理

文法のとことん話◎動詞の未完了形

　動詞の未完了形について学びましょう。完了形も未完了形も人称変化します。例えば「يكتب ヤクトゥブ」（3人称男性）は次のように人称に応じて変化します。活用は以下の通りです。参考までに、すでに見た完了形と対照してみます。

	完了形			未完了形		
語根	kataba-	كَتَبَ	カタバ			
3単男	kataba	كَتَبَ	カタバ	yaktubu	يَكْتُبُ	ヤクトゥブ
3単女	katabat	كَتَبَتْ	カタバット	taktubu	تَكْتُبُ	タクトゥブ
2単男	katabta	كَتَبْتَ	カタブタ	taktubu	تَكْتُبُ	タクトゥブ
2単女	katabti	كَتَبْتِ	カタブティ	taktubiina	تَكْتُبِينَ	タクトゥビーナ
1単共	katabtu	كَتَبْتُ	カタブトゥ	aktubu	أَكْتُبُ	アクトゥブ
3双男	katabaa	كَتَبَا	カタバー	yaktubaani	يَكْتُبَانِ	ヤクトゥバーニ
3双女	katabataa	كَتَبَتَا	カタバター	taktubaani	تَكْتُبَانِ	タクトゥバーニ
2双共	katabtumaa	كَتَبْتُمَا	カタブトゥマー	taktubaani	تَكْتُبَانِ	タクトゥバーニ
3複男	katabuu	كَتَبُوا	カタブー	yaktubuuna	يَكْتُبُونَ	ヤクトゥブーナ
3複女	katabna	كَتَبْنَ	カタブナ	yaktubna	يَكْتُبْنَ	ヤクトゥブナ
2複男	katabtum	كَتَبْتُمْ	カタブトゥム	taktubuuna	تَكْتُبُونَ	タクトゥブーナ
2複女	katabtunna	كَتَبْتُنَّ	カタブトゥンナ	taktubna	تَكْتُبْنَ	タクトゥブナ
1複共	katabnaa	كَتَبْنَا	カタブナー	naktubu	نَكْتُبُ	ナクトゥブ

1＝1人称、2＝2人称、3＝3人称、単＝単数、双＝双数、複＝複数、男＝男性、女＝女性、共＝男性女性共通

人称変化によってつけられる接頭辞、接尾辞は次の通りです。

3人称　男性単数	彼は書きます	يكتب	ي--ـ
3人称　女性単数	彼女は書きます	تكتب	تـ--ـ
2人称　男性単数	あなたは書きます	تكتب	تـ--ـ
2人称　女性単数	あなたは書きます	تكتبين	تـ--ين
1人称　男性・女性単数	私は書きます	أكتب	أ--ـ
3人称　男性双数	彼らは書きます	يكتبان	يـ--ان
3人称　女性双数	彼女らは書きます	تكتبان	تـ--ان
2人称　男女共通双数	彼らは書きます	تكتبان	يـ--ان
3人称　男性複数	彼らは書きます	يكتبون	يـ--ون
3人称　女性複数	彼女らは書きます	يكتبن	يـ--ن
2人称　男性複数	あなたたちは書きます	تكتبون	تـ--ون
2人称　女性複数	あなたたちは書きます	تكتبن	تـ--ن
1人称　共複数	私たちは書きます	نكتب	نـ--ـ

　上の表の未完了形の中で、3女単と2男単の形が同じ接頭辞の「تـタ」を使って全く同じになっています。これは、文脈で判断するしかありません。それ以外の人称代名詞は、それぞれ違う接頭辞と接尾辞を使います。「私は」はアナーのأ、「私たち」はナハヌのنـ、「あなた」はアンタのتـ、などのように使い分けられます。

■ 使い方

　アラビア語の未完了形は、基本的に一定の行為が継続していて、完了していない場合に用いられます。習慣、反復行為などを表すときにも使います。

　また、現在進行形（今〜している）と未来形（〜するでしょう）という場合にも用いられます。

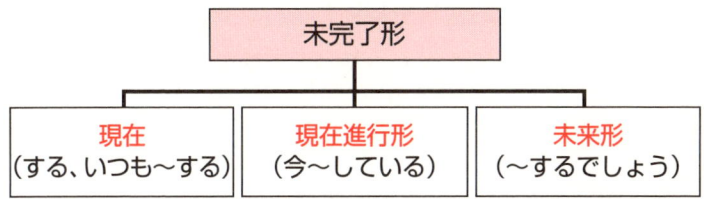

未完了形
- 現在（する、いつも〜する）
- 現在進行形（今〜している）
- 未来形（〜するでしょう）

私は毎日大学で勉強しています。

أدرس في الجامعة كل يوم.

アドゥルス　フィ⌒ル・ジャーミア　クッラ　ヤウム

私は今大学で勉強しています。

أدرس في الجامعة الآن.

アドゥルス　フィ⌒ル・ジャーミア　ル・アーン

私は来週大学で勉強するでしょう。

سوف أدرس في الجامعة الأسبوع القادم.

サウファ　アドゥルス　フィ⌒ル・ジャーミア　ル・ウスブゥ⌒ル・カーディム

未完了形の動詞が3つの時制を表すため、文の意味を判断することが困難であると思われるかもしれません。しかし、実際の会話では、例のように、「يوم كلّ クッラ　ヤウム」（毎日）、「الآن アル・アーン」（今）などのような時間を表す様々な副詞句や文脈により、判断はそれほど難しくないのです。

　また、未完了形の活用形の前に、「سـ サ」、または、「سوف サウファ」をつけ加えることで、未来形を作ることができます。

私は明日、カイロへ行くでしょう。
سـوف أذهب إلى القاهرةَ غداً.

サウファ　アズハブ　イラ⌒ル・カーヒラ　ガダン
سـوف=未来形を表す語　　أذهـب=私は行きます　　إلـى=〜へ
القاهرة=カイロ　　غـداً=明日
注意）القاهرة については、アル・カーヒラが単独の場合の
　　　発音です。

　未完了形と一緒によく使われる、時を表す表現は以下の通りです。

明日	غداً	ガダン
あさって	بعد غدٍ	バアド　ガド
1カ月後	بعد شَهر	バアド　シャハル
まもなく	بعد قليل	バアド　カリール
（期間）〜後	بعد	バアド

次の日曜日	الأحد القادم	アル・アハドゥ⌒ル・カーディム
来週	الاسبوع القادم	アル・ウスブーウ⌒ル・カーディム
来月	الشهر القادم	アッ・シャハル⌒ル・カーディム
来年	العام القادم	アル・アーム⌒ル・カーディム

次の〜 القادم 〜 アル・カーディム

　または、動詞の文頭に س をつけても同じですが、この場合は س は動詞と直結して書かれます。

明日大学へ行くでしょう。
سـأذهب إلى الجامعة غداً.

サアズハブ　イラ⌒ル・ジャーミア　ガダン

■ 否定文

　未完了形を否定文にする方法としては、「ﻻ ラー」を用います。

私は学校へ行きません。
ﻻ أذهب إلى المدرسة.

ラー　アズハブ　イラ⌒ル・マドゥラサ

ﻻ =否定詞　　أذهب =私は〜行きます　　إلى =〜へ

المدرسة =学校

■ 疑問文

　未完了形の疑問文の作り方を学びましょう。といっても、完了形と語順は同じです。例えば、「アハマドは音楽が好きですか？」と尋ねる場合は、平叙文の文頭に疑問詞の「هل ハル」をつければよいのです。

アハマドは音楽が好きです。（平叙文）

يحب أحمد الموسيقى.

ユヒッブ　アハマド⌒ル・ムースィーカー

يحب=彼（3人称・男性形）は好む　　أحمد=アハマド：人名

الموسيقى=音楽

アハマドは音楽が好きですか？（疑問文）

هل يحب أحمد الموسيقى؟

ハル　ユヒッブ　アハマド⌒ル・ムースィーカー

　次に他の疑問詞を伴った場合を見てみましょう。文の構造は以下のようになります。

> 語順：疑問詞 ＋ 動詞＋（目的語）＋副詞（句）＋ ؟

ماذا　تدرس　في الجامعة ؟
疑問詞　動詞　　副詞句

マーザー　タドルス　フィ⌒ル・ジャーミア

あなたは大学で何を勉強していますか？

ماذا=何を？　　تدرس=あなたが勉強する　　في=〜に

الجامعة=その大学

132

أين ستذهب غداً؟
　　副詞　　動詞　　疑問詞

アイナ　サタズハブ　ガダン

あなたは明日、どこに行きますか？

أين ＝どこ？

ستذهب ＝ سـ ＝「サ」未来形を表す接頭辞 ＋ تذهب ＝あなたは行く

غداً ＝明日

متى سوف تذهب إلى مصر؟

マター　サウファ　タズハブ　イラー　ミスル

あなたはいつエジプトへ行きますか？

متى ＝いつ？　　تذهب ＝あなた（男性）は行く

カイロのギザ地区にあるカイロ大学（正面）

5 | 移動中の車の中で

CD 33 話してみよう

あきさん : أَيْنَ جَامِعَتُكَ؟

モーメンさん : هِيَ فِي الْجِيزَة.

أَمَامَ حَدِيقَةِ الْحَيَوَانِ.

あきさん : هَلْ تَذْهَبُ إِلَى الْجَامِعَةِ كُلَّ يَوْمٍ؟

あきさん：アイナ　ジャーミアトゥカ

モーメンさん：ヒヤ　フィ⌒ル・ギーザ
　　　　　　　アマーマ　ハディーカトゥ⌒ル・ハヤワーン

あきさん：ハル　タズハブ　イラ⌒ル・ジャーミア
　　　　　クッラ　ヤウム

 日本語訳　CD 34

あきさん：あなたの大学はどこですか？
モーメンさん：ギザにあります。動物園の前です。
あきさん：毎日、大学へ行っていますか？

モーメンさん : لَا، أَذْهَبُ إِلَى الْجَامِعَةِ

ثَلَاثَ مَرَّاتٍ فِي الْأُسْبُوعِ.

あきさん : أَنَا أَدْرُسُ اللُّغَةَ الْعَرَبِيَّةَ

وَاللُّغَةَ الْإِنْجِلِيزِيَّةَ أَيْضاً.

モーメンさん : عَظِيمٌ جِدّاً!

モーメンさん：ラー、 アズハブ　イラ⌒ル・ジャーミア
　　　　　　　　サラーサ　マッラート　フィ⌒ル・ウスブーゥ

あきさん：アナー　アドゥルス⌒ッ・ルガトゥ⌒ル・
　　　　　　アラビーヤ　ワ⌒ッ・ルガトゥ⌒ル・
　　　　　　インジリーズィーヤ　アイダン

モーメンさん：アズィーム　ジッダン

日本語訳

モーメンさん：いいえ、週3日行っています。
　　あきさん：私はアラビア語と、そして英語も勉強してい
　　　　　　　ます。
モーメンさん：素晴らしい！

Lesson 5 の解説

ここでは、場所を聞く方法を学びましょう。

文法では、前置詞の種類と未完了動詞の文を学びます。

キーセンテンス ①

أَيْنَ جَامَعَتُكَ؟

アイナ　ジャーミアトゥカ

あなたの大学はどこですか？

أَيْنَ ＝どこに　　جَامَعَتُكَ ＝あなたの大学

どこ〜？

「アイナ أين」は日本語の「どこ」という意味を表します。場所やその所在地を尋ねる場合に用いられます。この「どこですか？」の文の作り方は、「アイナ＋尋ねたい場所」とすればよいのです。以下、例を示します。

駅はどこですか？

أين المحطة؟　　アイナ⌒ル・マハッタ

المحطة ＝駅

あなたはどこにいるのですか？

أين أنت؟　　アイナ　アンタ（男性に対して）

アイナ　アンティ（女性に対して）

トイレはどこですか？

أين الحمام؟ アイナ〜ル・ハンマーム

الحمام = トイレ

また、「جامعتك ジャーミアトゥカ」は「جامعة ジャーミア
トゥ」（大学）＋「ك カ」（あなたの／2人称単数男性）の
組み合わせで、「あなたの大学」という意味を表しています。

キーセンテンス②

هِيَ فِي الْجِيزَةِ.

ヒヤ　フィ〜ル・ギーザ
それはギザにあります。

الْجِيزَة = ギザ（地名）　　فِي = ～に　　هِيَ = それ

～にある

「هي ヒヤ」はこれまでに何度か登場してきた、3人称単数女
性の人称代名詞です。ここでは、「アル・ジャーミア الجامعة」
「大学」を置き換えて「それは」の意味合いで使われています。
もともとの意味は「彼女は」を表します。

アラビア語には、男性名詞と女性名詞の2種類の性差があ
ることを、Lesson 1で解説しましたね。上記の文の「جامعة
ジャーミア」は女性名詞です。ですから、代わりに「هي ヒ
ヤ」を用いるのです。

さて、ここでも前に登場した前置詞の「فِي フィー」が登場しています。ただし、ここでは、「〜にある、いる」という存在を表す文の中で使われています。主語に続けて、フィーの後に場所や地名などを表す名詞をつけ加えると、「〜にある」または「〜にいる」という存在の意味も表すのです。この存在を表す文は、次のような語順になります。

> 存在文の語順：主語　＋　フィー　＋　場所

彼は市場にいます。

هو في السوق.

<u>場所（市場）</u>　<u>〜に</u>　<u>主語（彼は）</u>

ホワ　フィ⌢ッ・スーク

彼は今、大学にいます。

هو الآن في الجامعة.

<u>大学</u>　<u>〜に</u>　<u>今</u>　<u>彼は</u>

ホワ⌢ル・アーン　フィ⌢ル・ジャーミア

私の大学は東京にあります。

جامعتي في طوكيو.

<u>東京</u>　<u>に</u>　<u>私の大学は</u>

ジャーミアティー　フィー　トーキョー

アラビア語の存在文は、日本語の「〜ある、いる」のような動詞を使っていない点に注意しましょう。

أَمَامَ حَدِيقَةِ الْحَيَوَانِ.

アマーマ　ハディーカトゥ⌒ル・ハヤワーン

動物園の前です。

أَمَامَ= 前　　　حَدِيقَة =〜園 / 庭園　　　الْحَيَوَان =動物

「أمام アマーマ」というのは、日本語の「前に」の意味を持つ前置詞です。「アマーマ＋場所」で、「〜の前に」を表します。

家の前にある

أمام البيت　　　アマーマ⌒ル・バイト

■ 前置詞

では、アラビア語でよく使われる前置詞をまとめます。

في フィー	〜の中（に、で）	في المكتب フィ⌒ル・マクタブ **オフィスに**
إلي イラー	〜へ	إلى الجامعة イラ⌒ル・ジャーミア **大学へ**
من ミン	〜から	من مصر ミン⌒ミスル **エジプトから**

بـِ ビ	～の中に、～で (手段、状態など)	باليابان ビ⌢ル・ヤーバーン 日本に بالسيارة ビ⌢ッ・サイヤーラ 車で
مع マア	～とともに、～と 一緒に	مع الأستاذ أحمد マア⌢ル・ウスターズ　アハマド アハマドさんと一緒に
لـِ リ	～へ、～のために (理由や原因など)	لأخي リアヒー 私の兄弟のために للدراسة リ⌢ッ・ディラーサ 勉強のために
على アラー	～の上に	على الكرسي アラ⌢ル・クルスイー いすの上に
تحت タハタ	～の下に	تحت المكتب タハタ⌢ル・マクタブ 机の下に
أمام アマーマ	(空間) ～の前に	أمام المحطة アマーマ⌢ル・マハッタ 駅の前に

وَرَاء ワラーア	～の後ろに	وَرَاءَ الْمَقْهَى ワラーァ⌒ル・マクハー 喫茶店の後ろに
عَنْ アン	～について（冠詞 が後ろにくるとア ニと変わります）	عَنِ الْيَابَان アニ⌒ル・ヤーバーン 日本について
قَبْل カブラ	～の前に（時間）	قَبْلَ السَّاعَةِ الْخَامِسَة カブラ⌒ッ・サーアトゥ⌒ル・ハーミサ 5時前に
بَعْد バァダ	～の後に（時間）	بَعْدَ الظُّهْر バァダ⌒ッ・ズホル 昼の後に（午後）

「（主語は）～にない」という表現を作る場合は、主語が男性名詞なら文頭に「لَيْسَ ライサ」をつけます。女性名詞なら「لَيْسَتْ ライサトゥ」を使います。

それは駅の中にあります。（肯定文）

هُوَ فِي الْمَحَطَّة.　ホワ　フィ⌒ル・マハッタ

それは駅の中にありません。（否定文）

لَيْسَ فِي الْمَحَطَّة.　ライサ　フィ⌒ル・マハッタ

هَلْ تَذْهَبُ إِلَى الْجَامِعَةِ كُلَّ يَوْمٍ؟

ハル　タズハブ　イラ⌒ル・ジャーミア　クッラ　ヤウム
毎日、大学へ行っていますか？

هَلْ=〜か？　　تَذْهَبُ=あなたは行く　　إِلَى=〜へ

الْجَامِعَة=大学　　كُلَّ=すべて　　يَوْم=日

　「كل يوم　クッラ　ヤウム」は「毎日」という意味を表す副詞句です。それは「すべて」という意味の名詞「كل　クル」に、「يوم　ヤウム」（1日、日）という非限定名詞（定冠詞の「ال　アル」がついていないという意）がきています。また、読みをクッラと「ラ」に変えているのは、副詞として使っているからです。「كل クル」の後に非限定名詞がくると、「毎〜」の意味合いで使うことができますので、表現として覚えておきましょう。

　また、「كل　クル」の後に、定冠詞「ال　アル」のついた複数名詞（限定名詞）がくると、「全〜」の意味になります。以下例を示します。

男の子たち全員 كل الأولاد　　クッル⌒ル・アウラード
すべての人々 كل الناس　　クッル⌒ッ・ナース

　「毎〜ではない」というふうに否定形にする場合は、存在文の否定形と同様に、文頭に「ليس　（ライサ）」をつけます。

男の子全員ではない。 ليس كل الأولاد　ライサ　クッル⌒ル・アウラード
毎日ではない。 ليس كل يوم.　　ライサ　クッラ　ヤウム

144

أَذْهَبُ إِلَى الْجَامِعَةِ ثَلَاثَ مَرَّاتٍ فِي الْأُسْبُوعِ.

アズハブ　イラ⌒ル・ジャーミア　サラーサ　マッラート
フィ⌒ル・ウスブーゥ

週３日（大学へ）行っています。

أَذْهَبُ=私は行く　إِلَى=〜へ　الْجَامِعَةِ=大学　ثَلَاثَ=数字の3
مَرَّاتٍ=回（複数形）　فِي=〜に　اَلْأُسْبُوعِ=1週間

　「أذهب アズハブ」は3語根動詞「ذهب ザハバ」の未完了形の1人称単数の活用で、「私は行く」の意味です。「أذهب إلي アズハブ　イラー」の「إلى イラー」（〜へ）は前置詞で、「ذهب ザハバ」とよく一緒に使います。

　「ثلاث مرات サラーサ　マッラート」の「ثلاث サラーサ」は数字の「3」にあたる語で、「マッラート مرات」は「مرة マッラ」（1回）の複数形です。

مرّات 〜　〜マッラート　　〜回

（例）　مرّات ４回　أربع アルバア　マッラート

أَنَا أَدْرُسُ اللُّغَةَ الْعَرَبِيَّةَ

وَ اللُّغَةَ الْإِنْجِلِيزِيَّةَ أَيْضاً.

アナー　アドゥルス〜ッ・ルガトゥ〜ル・アラビーヤ
ワ・ッ・ルガトゥ〜ル・インジリーズィーヤ　アイダン
私はアラビア語と、そして英語も勉強しています。

أَنَا = 私　أَدْرُسُ = 私は勉強する　اللُّغَةَ = 言語　الْعَرَبِيَّةَ = アラビアの
وَ = そして　اللُّغَةَ = 言語　الْإِنْجِلِيزِيَّةَ = 英国の　أَيْضاً = も

「أَيْضاً アイダン」（～も）という表現は、日本語でいうと助詞の「も（同様に）」の意味で、意味により主語の後か、目的語の後にきます。

例えば、「私も」という場合は「أنا أيضاً アナー　アイダン」となります。

次に、代表的な言語の言い方を覚えましょう。

日本語　اللغة اليابانية　アッ・ルガトゥ〜ル・ヤーパーニーヤ

フランス語　اللغة الفرنسية　アッ・ルガトゥ〜ル・ファランスィーヤ

ドイツ語　اللغة الألمانية　アッ・ルガトゥ〜ル・アルマーニーヤ

スペイン語　اللغة الإسبانية　アッ・ルガトゥ〜ル・イスバーニーヤ

キーセンテンス ⑦

عَظِيمٌ جِدًّا!

アズィーム　ジッダン

素晴らしい！

جِدًّا =非常に　　عَظِيم =素晴らしい／偉大な

　感嘆の意を表す表現です。直訳すると、「とても偉大だ！」という意味になりますが、「素晴らしい、立派な」、などの意味合いで使われます。素晴らしいという表現には、ほかに「ممتاز ムムスターズ」もよく使われますので、覚えておきましょう。

映画や歌の広告の看板がずらりと並んでいる（カイロ）

147

6 モーメンさんの家で

（ある日、モーメンさんとあきさんはモーメンさんの家族の家を訪ねました）

🎵 **話してみよう** (CD 37)

あきさん ： بَيْتُكَ جَمِيْلٌ جِدًّا!

モーメンさん ： تَفَضَّلِي تَفَضَّلِي، هٰذِهِ أُمِّي،

وَهٰذِهِ أُخْتِي الْكَبِيرَةُ إِيـمَان

وَ هٰذَا أَخِي الصَّغِيرُ أَحْمَدُ.

姉 ： أَهْلاً وَسَهْلاً بِكِ يَا آكِي.

あきさん ： شُـكْراً جَزِيلاً، وَمَنْ هٰذِهِ؟

モーメンさん ： هٰذِهِ قِطَّتِي الصَّغِيرَةُ بُوسِي.

あきさん ： قِطَّة جَمِيلَة!

あきさん：バイトゥカ　ジャミール　ジッダン

モーメンさん：タファッダリー、タファッダリー、

ハーズィヒ　ウンミー、

ワ　ハーズィヒ　ウフティール・カビーラ　イマーン

ワ　ハーザー　アヒール・サギール　アハマド

姉：アハラン　ワ　サハラン　ビキ　ヤー　アキ

あきさん：シュクラン　ジャズィーラン、ワ　マン　ハーズィヒ

モーメンさん：ハーズィヒ　ケッタティッ・サギーラ　ブースィー

あきさん：ケッタ　ジャミーラ

日本語訳

あきさん：あなたのお家はとてもきれいですね！

モーメンさん：どうぞ、どうぞ、こちらは母です。

それから、こちらは姉のイマーンと弟のアハマドです。

姉：ようこそ、いらっしゃいました。

あきさん：ありがとうございます、こちらは誰ですか？※

モーメンさん：これは僕の子ネコ、ブースィーです。

あきさん：きれいなネコですね！

※　本来なら人間に用いる表現ですが、ここでは家族の一員として人と同じ尋ね方をしています。

話してみよう（続き）

母 : مَاذَا تَشْرَبِينَ؟

شَايًا أَمْ قَهْوَةً؟

あきさん : شَايٌ مِنْ فَضْلِكِ.

姉 : هَلِ اللُّغَةُ الْعَرَبِيَّةُ صَعْبَةٌ؟

あきさん : نَعَمْ ، هِيَ صَعْبَةٌ جِدًّا،

وَلٰكِنَّهَا لُغَةٌ مُمْتِعَةٌ.

母 : بِالتَّوْفِيقِ إِنْ شَاءَ اللّٰهُ.

母：マーザー　タシュラビーナ
　　シャーイ　アム　カハワ

あきさん：シャーイ　ミン　ファドリキ

姉：ハリ⌒ッ・ルガトゥ⌒ル・アラビーヤ　サアバ

あきさん：ナアム、　ヒヤ　サアバ　ジッダン、
　　ワラーキンナハー　ルガ　ムムティア

母：ビ⌒ッ・タウフィーク　イン　シャーア⌒ッ・ラー

日本語訳

母：何をお飲みになりますか？
　　紅茶、それともコーヒーを飲まれますか？
あきさん：紅茶をお願いします。
姉：アラビア語は難しいですか？
あきさん：はい、とても難しいですが、楽しい言語です。
母：ご健闘を祈ります（神様の思し召しがあれば、う
　　まくいくでしょう）。

　ここでは人を迎え、歓迎する表現を学びます。また、文法としては形容詞の使い方を修得しましょう。

キーセンテンス ①

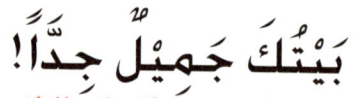

بَيْتُكَ جَمِيلٌ جِدًّا!

バイトゥカ　ジャミール　ジッダン

あなたのお家はとてもきれいですね。

بيتك ＝あなた（男性）の家　جميل ＝きれい、美しい　جدًّا ＝とても

形容詞

　形容詞の「جميل ジャミール」（きれい、美しい）は、修飾する名詞バイトゥの後にきていますね。形容詞は名詞の後ろにきます。

語順：名詞＋形容詞

جميل　بيت

形容詞　名詞

　また、形容詞にも名詞と同じように男性形と女性形があります。修飾する名詞の性に合わせて、形を変えます。

152

　形容詞も、たいていの場合、形容詞の男性形に「ة ター・マルブータ」をつければ、女性形を作ることができます。

●**大きい**

男性形　　كبير　カビール

女性形　　كبيرة　カビーラ　←　كبير + ة

●**きれい、美しい**

男性形　　جميل　ジャミール

女性形　　جميلة　ジャミーラ　←　جميل + ة

　「جداً ジッダン」は日本語の「非常に、大変」の意味で、形容詞の程度を強調するときに使う副詞です。

これはとても高いです。

هذا غالي جداً.

ハーザー　ガーリー　ジッダン

宝飾店の前で思案する
エジプト人のカップル

تَفَضَّلِي تَفَضَّلِي.

タファッダリー、タファッダリー

どうぞ、どうぞ

تَفَضَّلِي ＝どうぞ

　タファッダリーについては、Lesson1 で学びましたね。ここでは反復して使っています。

　アラブ人は相手に感謝や謝罪や歓迎などの気持ちを強く伝えようとするときには、よく言葉を反復するのです。例えば、感謝の気持ちなら、「شكراً شكراً　シュクラン、シュクラン」（ありがとう、ありがとう）、歓迎なら、「مرحباً مرحباً マルハバン、マルハバン」（ようこそ、ようこそ）といった感じです。

　ここでも、モーメンさんは「تفضلي تفضلي タファッダリー、タファッダリー」（どうぞ、どうぞ）と繰り返すことで、訪問者のあきさんを大歓迎する気持ちを表しているのです。

هَـٰذِهِ أُمِّي،
وَهَـٰذِهِ أُخْتِي الْكَبِيرَةُ إِيمَانْ
وَ هَـٰذَا أَخِي الصَّغِيرُ أَحْمَدُ.

ハーズィヒ　ウンミー、
ワ　ハーズィヒ　ウフティ⌒ル・カビーラ　イマーン
ワ　ハーザー　アヒ⌒ル・サギール　アハマド
こちらは母です。
それから、こちらは姉のイマーンと弟のアハマドです。

هَـٰذِهِ=これ（指示代名詞・女性名詞用）　　أُمِّي=私の母親

وَ=そして　　هَـٰذِهِ=これ

أُخْتِي=私の姉妹　　الْكَبِيرَة=大きい

إِيمَانْ=イマーン：女性の名前

هَـٰذَا=これ（指示代名詞・男性名詞用）

أَخِي=私の兄弟　　الصَّغِيرُ=小さい

أَحْمَدُ=アハマド：男性の名前

　「こちらは〜」などのように、人を紹介するときは「هَـٰذَا ハーザー」もしくは「هَـٰذِهِ ハーズィヒ」を使います。「أُمِّي ウンミー」は「私の母」の意味です。「أُم ウンム」（母）と「ي イー」（私の）という2つの部分からできています。「私の父」を言うときも同じです。

私の父　　أَبِي アビー ＝ ي イー（私の）＋ أَب アブ（父）

「أخي アヒー」という言葉は「兄弟」の意味です。この言葉には、兄・弟の区別がありません。区別をつけるには、後ろにそれぞれ形容詞の「كبير ガビール」（大きい）または「صغير サギール」（小さい）をつけます。ただし、特定の人物を指しているので、それぞれの形容詞の「大きい」または「小さい」には、定冠詞の「ال アル」がついた形になります。

兄
أخي الكبير
アヒ⌢ル・カビール

弟
أخي الصغير
アヒ⌢ッ・サギール

また、女の子の姉妹の場合にも、姉と妹を区別するときは、上記の男の子の兄弟と同様の区別方法を用います。しかし「大きい」は「كبيرة カビーラ」、「小さい」は「صغيرة サギーラ」とそれぞれ女性形を使います。

姉
أختي الكبيرة
ウフティ⌢ッ・カビーラ

妹
أختي الصغيرة
ウフティ⌢ッ・サギーラ

このほか、家族の呼び方については、第3章「家族」をご覧ください。

وَمَنْ هٰذِهِ؟

ワ　マン　ハーズィヒ
これは誰ですか？

وَ =そして / それから　　مَنْ =誰？

هٰذِهِ =これ（指示代名詞・女性名詞用）

誰ですか？

「هٰذِهِ مَنْ؟ マン　ハーズィヒ」は「誰ですか？」と人について尋ねるときに使う疑問文です。ここでは、女性名詞のもの（ネコ）を指しているので、指示代名詞の「هٰذِهِ ハーズィヒ」を使います。本来なら人間にしか使わない表現ですが、ここでは家族の一員として、人と同じ尋ね方をしています。

また、男性名詞の人間や動物を指す場合、「مَنْ هٰذَا؟ マンハーザー」という形になります。

هٰذِه قِطَّتِي الصَّغِيرَةُ بُوسِي.

ハーズィヒ　ケッタティ⌒ッ・サギーラ　ブースィー
これは僕の子ネコ、ブースィーです。

هٰذِه =これ（指示代名詞・女性名詞用）　　قِطَّتِي =私のネコ

الصَّغِيرَةُ =小さい　　بُوسِي =ブースィー：ネコの名

قطني الصغيرة を直訳すると、「私の小さなネコ」の意味になります。これは、「قطة ケッタ」（ネコ）と「ي イー」（私の）という2つの部分からできています。

また、ここでは動物の名前を覚えておきましょう。

ネコ： قط　ケット　（雄）
イヌ： كلب　カルブ　（雄）
小鳥： عصفور　ウスフール　（雄）
ハムスター： فأر　ファゥル　（雄）

ただし、その動物が雄か雌の自然性差によって、名称は変わります。雄を表す形に「ةター・マルブータ」をつけると、その雌の名称ができます。

ネコ： قطة　ケッタ　（雌）
イヌ： كلبة　カルバ　（雌）
小鳥： عصفورة　ウスフーラ　（雌）
ハムスター： فأرة　ファゥラ　（雌）

قطّة جَميلَة!

ケッタ ジャミーラ
きれいなネコですね！

قطّة=ネコ（女性名詞）　جَميلَة=美しい / きれい（形容詞・女性形）

アラビア語では、名詞が先で形容詞がその後、という語順になるのでしたね。

جميلة　قطة　ケッタ ジャミーラ
形容詞　名詞

前記の例のように、名詞と形容詞の修飾関係が成立するには、4つの条件が一致する必要があります。その4条件とは、**性、数、格**（主格、属格など）、**限定・非限定**であって、名詞と形容詞の間にはその4つの条件が同じでなければなりません（「文法のとことん話」参照）。

キーセンテンス ⑦

مَاذَا تَشْرَبِينَ؟ شَايًا أَمْ قَهْوَةً؟

マーザー　タシュラビーナ　シャーイ　アム　カハワ

何をお飲みになりますか？　紅茶、それともコーヒーですか？

مَاذَا =何？

تَشْرَبِينَ =あなた（女性）は飲む（2人称・女性単数用）

شَايًا =紅茶　　أَمْ =それとも / または　　قَهْوَةً =コーヒー

「مَاذَا マーザー」は前にも説明したように、英語の what にあたる「何」の意味を表します。そして動詞の「تَشْرَبِينَ タシュラビーナ」は「あなた（女性）は飲む」の意味の、未完了・2人称・女性単数の活用形です。この動詞の原形は3語根動詞の「شَرِبَ シャリバ」です。

　疑問詞の「مَاذَا マーザー」と動詞の完了形、または未完了形を組み合わせることで、次のように様々なことを表現できます。

あなたは今、何をしていますか？

ماذا تفعل الآن؟ マーザー　タフアル⌒ル・アーン

تفعل =あなたはする／行う　　الآن=今

何を食べますか？

ماذا تأكل؟ マーザー　タゥクル

تأكل =あなた（男性）は食べる

昨日、あなたは何をしましたか？

ماذا فعلت أمس؟ マーザー　ファアルタ　アムスィ

فعلت =あなたはしました　　أمس=昨日

あなたは何を食べましたか？

ماذا أكلت؟ マーザー　アカルタ

أكلت =あなたは食べました

また、「どこ？」と場所を尋ねる方法も復習しましょう。
「أين アイナ」は「どこ」という意味の疑問詞で、場所など
について尋ねる場合に用いられるのでした。これも、完了形、
未完了形と合わせて、日常会話でよく使われます。

どこでアラビア語を勉強していますか？（相手が男性の場合）
أين تدرس اللغة العربية؟
アイナ　タドルス⌒ッ・ルガトゥ⌒ル・アラビーヤ

昨日、どこに行きましたか？（相手が男性の場合）

أين ذهبتَ أمس؟

アイナ　ザハブタ　アムスィ

أين=どこ？　　ذهبتَ=あなたは行きました　　أمس=昨日

「 درستَ ダラスタ」は動詞完了形「درس ダラサ」（勉強した）の第3語根を子音にし、それに2人称・男性単数の語尾「تَ タ」をつけたものです。

شَايٌ مِنْ فَضْلِكِ.

シャーイ　ミン　ファドリキ

紅茶をお願いします。

شَايٌ=紅茶　　مِنْ فَضْلِكِ=〜ください（相手が女性の場合）

第1章でも説明したように、人に何かを頼むとき、この表現を用います。ここでは女性に対して用いられていますが、相手が男性の場合は、語尾が変化し、「مِنْ فَضْلِكَ ミン　ファドリカ」となるのでしたね。

هَلِ اللُّغَةُ الْعَرَبِيَّةُ صَعْبَةٌ؟

ハリ―ッ・ルガトゥ―ル・アラビーヤ　サアバ

アラビア語は難しいですか？

هَلْ = ～か？　　اللُّغَةُ الْعَرَبِيَّةُ = アラビア語の正式名称

صَعْبَةٌ = 難しい

「هل ハル」は前述のように文頭について疑問文を作る語です。
「アッ・ルガトゥ―ル・アラビーヤ」 はアラビア語の正式な
呼び方です。このほかに単に「العربية アル・アラビーヤ」と
いう言い方もあります。どちらかと言えば、後者の「العربية
アル・アラビーヤ」の方が日常生活でよく使われます。「صعبة
サアバ」は「難しい」の形容詞女性形です。

نَعَمْ، هِيَ صَعْبَةٌ جِدًّا، وَلٰكِنَّهَا لُغَةٌ مُمْتِعَةٌ.

ナアム、ヒヤ　サアバ　ジッダン、ワラーキンナハー　ルガ　ムムティア

はい、とても難しいですが、楽しい言語です。

نَعَمْ = はい　هِيَ = それは　صَعْبَةٌ = 難しい（女性形）جِدًّا = とても

وَلٰكِنَّهَا = しかしそれは、　لُغَةٌ = 言語　مُمْتِعَةٌ = 楽しい/おもしろい（女性形）

「لكن ラーキンナ」は「しかし」という意味を表し、文の
はじめにきて逆接を表します。また、「و ワ」（そして / と）
がついた、「ولكن ワラーキンナ」という形でもよく用いられ
ます。

162

しかし値段はとても高いですよ！

ولكن السعر غالي جداً!

ワラーキンナ⌒ッ・スィアル　ガーリー　ジッダン

「ممتعة لغة ルガ　ムムティア」の「لغة ルガ」は、「言語」を意味します。定冠詞はついていません。「ممتعة ムムティア」は「楽しい／おもしろい」を意味する形容詞の女性形です。「ممتعة ムムティア」の最後には「ة ター・マルブータ」がついていますね。

これは楽しいですね！

هذا شيء ممتع!

ハーザー　シャイイ　ムムティウ

هذا=これ　　شيء=もの　　ممتع=楽しい（形容詞男性形）

笑うエジプトの女学生達

بِالتَّوْفِيقِ إِنْ شَاءَ اَللّهُ.

ビ⌒ッ・タウフィーク　イン　シャーア⌒ッ・ラー

神様の思し召しがあれば、うまくいくでしょう。

بِالتَّوْفِيقِ ＝うまくいくことをもって　إِنْ ＝英語の if に相当する

شَاءَ ＝望む　　اَللّهُ ＝アッラー

　この表現は、日本語の「ご成功を祈る」や「ご健闘を祈る」などのような意味を表します。ですから、細かい単語の意味は気にせず、慣用的表現として覚えておくと便利です。

　この表現の「إِنْ شَاءَ اَللّه　イン　シャーア⌒ッ・ラー」｜神様の思し召しがあれば」の部分は、これから行われる「未来の出来事」に対して用いられます。アラブ人は何かをしようとするとき、必ずといっていいほど、この言葉を使います。

上の言葉をアラビア書道で書いたもの（ペルシャ書体）
木田　孝　筆

ここで、ネコの詩を紹介します。

● نشيد قطتي ●

（ケッタティー（私のネコ）の詩）

私のネコは小さい	ケッタティー　サギーラ	قطتى صغيرة
名前はサミーラ	イスムハー　サミーラ	اسمها سميرة
彼女のしっぽは長い	ザイルハー　タワィール	ذيلها طويل
彼女の形は美しい	シャクルハー　ジャミール	شكلها جميل
彼女の毛はきれい	シャアルハー　ナズィーフ	شعرها نظيف
彼女の遊んでいる姿はかわいらしい		
	ラァブハー　ラティーフ	لعبها لطيف

　まず、先ほども述べましたが、アラビア語では、名詞が先で、形容詞がその後にきます。

كبير　بيت　　バイトゥ　カビール
形容詞　名詞

大きな家

　形容詞は、修飾する名詞と4つの条件をそろえる必要があります。その4条件とは、**性、数、限定・非限定、格**です。形容詞「كبير カビール」（大きい）を見てみましょう。

	名詞 بيت バイトゥ	形容詞 كبير カビール
性	男性名詞	男性形
数	単数	単数
非限定・限定	非限定	非限定
格	主格	主格

　非限定とは、定冠詞の「ال アル」がつかないことを示します。

　名詞と形容詞は次のように、3つの方法で結びつけることが可能であり、それぞれで意味も変わります。

1. 非限定名詞＋非限定形容詞

كبير　طالب　　ターリブ　カビール
非限定形容詞　非限定名詞

（一人の）大きな学生

166

2. 限定名詞＋限定形容詞

الطالب الكبير アッ・ターリブ⌢ル・カビール

限定形容詞　限定名詞

その大きな学生

　定冠詞の「ال アル」の先に別の単語がくる場合、「ال アル」の「ا ア」の音は落ちます。

3. 限定名詞＋非限定形容詞

الطالب كبير. アッ・ターリブ　カビール

非限定形容詞　限定名詞

その学生は大きい。

　先ほど、名詞と形容詞は限定・非限定を一致させなければならないと解説しましたが、3はそのルールにのっとっていませんね。3は名詞と形容詞が主語・述語の関係になっているのです。

🔴 ワンランクアップ！　太陽文字と月文字って何？

　定冠詞「ال アル」はその直後にくる文字によって、発音上の変化が生じます。これを太陽文字と月文字の法則といいます。

　例えば、「شمس シャムス」（太陽）という単語の最初の一文字、ش の前に、定冠詞の「ال アル」をつけ加えると、発音上、ل が無声化し、発音が省略されます。つまり、「アル・シャムス」でなく、「アッ・シャムス」となります。

　この種の音韻変化は شمس「太陽」にちなんで、「太陽文字」という名称で呼ばれています。

太陽文字は以下の通りです。

ت	ث	د
ذ	ر	ز
س	ش	ص
ض	ط	ظ
ل	ن	

　それ以外の文字は「قمر カマル」（月）という言葉にちなんで、月文字と呼ばれています。この種類の文字と定冠詞の「ال アル」がつく場合には、特別な変化は生じません。したがって、القمر の発音は「アル・カマル」そのままとなります。

　この太陽文字を覚えるためには、太陽文字で始まるいくつかの単語を覚えておくとよいでしょう。

太陽文字の例：

الليل	アッ・ライル	夜
النور	アン・ヌール	光
الظهر	アッ・ズフル	正午
الصلاة	アッ・サラー	礼拝

月文字の例：

المسجد	アル・マスジドゥ	モスク
الجمعة	アル・ジュムア	金曜日
الفيل	アル・フィール	象

カイロのスークの香辛料を売るお店で。右側の下から３つ目に、次ページに出てく
る「ハイビスカス（ティー）」が売られている。

7 | 店で

話してみよう

店員 : أَهْلاً وَسَهْلاً، تَفَضَّلِي.

あきさん : اَلسَّلَامُ عَلَيْكُمْ، هَلْ عِنْدَكَ كَرْكَدِيَّةٌ؟

店員 : نَعَمْ عِنْدِي، كَمْ كِيلُو تُرِيدِينَ؟

あきさん : بِكَمِ الْكِيلُو؟

店員 : اَلْكِيلُو بِثَلَاثِينَ جُنَيْهاً.

　店員：アハラン　ワ　サハラン、タファッダリー

あきさん：アッ・サラーム　アライクム、ハル　インダカ　カルカデー

　店員：ナアム、インディー、カム　キーロー　トゥリーディーナ

あきさん：ビカム⌒ル・キーロー

　店員：アル・キーロー　ビサラースィーン　ジュナイフ

日本語訳 CD 40

　店員：いらっしゃいませ、どうぞ。

あきさん：こんにちは、ハイビスカス（ティー）はありますか？

　店員：はい、あります、何キロぐらいいりますか？

あきさん：１キロはいくらですか？

　店員：１キロは 30 ポンドになります。

あきさん : **لَا، هٰذَا غَالٍ جِدّاً.**

حَسَناً، أَعْطِنِي اثْنَيْنِ

كِيلُو مِنْ فَضْلِكَ.

モーメンさん : كَم السَّاعَةُ اْلآنَ؟

あきさん : اَلْوَاحِدَةُ تَمَاماً، لِـمَاذَا؟

モーメンさん : لِأَنَّ عِنْدِي مَوْعِداً

مَعَ صَدِيقِي الْيَوْمَ.

あきさん： ラー　ハーザー　ガーリー　ジッダン

ハサナン、アーティニー　イスナイン

キーロー　ミン　ファドリカ

モーメンさん： カミ⌒ッ・サーア⌒ル・アーン

あきさん： アル・ワーヒダ　タマーマン、リマーザー

モーメンさん： リアンナ　インディー　マウィドゥ
マア　サディーキ⌒ル・ヤウム

日本語訳

あきさん： それは高いですね。
それじゃ、2キロください。
モーメンさん： 今は何時ですか？
あきさん： ちょうど1時です。どうしてですか？
モーメンさん： 今日は友達との約束があるからです。

　ここでは店で買い物するときの表現をもとに「〜が欲しい」という表現を学びます。また、時間・曜日についても学びましょう。

キーセンテンス ①

أَهْلاً وَسَهْلاً، تَفَضَّلِي.

アハラン　ワ　サハラン、タファッダリー
いらっしゃいませ、どうぞ。

تَفَضَّلِي =どうぞ　　أَهْلاً وَسَهْلاً =ようこそ、歓迎します

　すでに何度も紹介している表現です。

　「أهلاوسهلاً アハラン　ワ　サハラン」は人を歓迎するときに使う表現ですが、店員が客に対して、「ようこそ、いらっしゃいませ」の意味合いでも使います。店に入ると、店員から必ずこのように声をかけられます。そのときは、皆さんも「شكراً シュクラン」と言って、あいさつを返しましょう。

モロッコ、カサブランカの果物屋さんで。

キーセンテンス ②

هَلْ عِنْدَكَ كَرْكَدِيَّةٌ؟

ハル　インダカ　カルカデー（相手が男性の場合）
ハイビスカス（ティー）はありますか？

نَعَمْ عِنْدِي.

ナアム　インディー
はい、あります。

هَلْ= ～か？　عِنْدَكَ= あなた（男性）には～がありますか？
كَرْكَدِيَّةٌ= ハイビスカス（ティー）　نَعَمْ= はい　عِنْدِي= 私には～がある

～はありますか？

「あなたは～を持っていますか？」または「あなたのところに～はありますか？」などを表す表現です。この「ある」を表す表現は、前置詞の「 عِنْدَ インダ」と2人称代名詞の「كَ カ」の組み合わさったものです。人称代名詞の変化に応じて、語尾の形が変わります。

عِنْدِي	インディー	1人称（私）
عِنْدَكَ	インダカ	2人称の男性
عِنْدَكِ	インダキ	2人称の女性
عِنْدَكُمْ	インダクム	2人称の複数形（あなたがた）
عِنْدَنا	インダナー	1人称の複数（私たち）

※ **ハイビスカス（ティー）** エジプトではハイビスカス（花の部分を乾かしたもの）をお茶のようにしてよく飲みます。季節を問わず年中飲まれます。夏は冷たくして、冬は温めていただきます。

كَمْ كِيلُو تُرِيدِينَ؟

カム　キーロー　トゥリーディーナ

何キロいりますか？

كَمْ=どのくらい？　　كِيلُو=1キロ　　تُرِيدِينَ=あなた（女）が～欲しい

～が欲しい

「كَمْ　カム」は数量について尋ねるときに使う表現です。トゥリーディーナは「あなた（女）は欲しい」という意味の動詞です。「私は～が欲しい」という場合はウリードゥになります。ウリードゥの後に欲しいものを入れます。

これが欲しいです。

أُرِيد هذا.　　ウリードゥ　ハーザー

هذا=これ

大学で働きたいです。

أُرِيد العمل في الجامعة.

ウリードゥ⌒ル・アマル　フィ⌒ル・ジャーミア

أُرِيد=私は～したい　　العمل=仕事　　في=～で　　الجامعة=大学

ウリードゥは以下のように主語の性や数、人称によって形が変わります。使用頻度の高いものを紹介します。

أُرِيد　　ウリードゥ
私は〜が欲しい、〜したい。

يُرِيد　　ユリードゥ
彼は〜が欲しい、〜したい。

تُرِيد　　トゥリードゥ
彼女は〜が欲しい、〜したい。

تُرِيد　　トゥリードゥ
あなた（男性）は〜が欲しい、〜したい。

تُرِيدِين　　トゥリーディーナ
あなた（女性）は〜が欲しい、〜したい。

نُرِيد　　ヌリードゥ
私たちは〜が欲しい、〜したい。

بِكَمِ الْكِيلُو؟

ビカム⌢ル・キーロー

1キロはいくらですか？

الْكِيلُو = 1キロ　　بِكَم = いくらですか？

「بِكَم ビカム」で「これはどれくらいですか？」で、すなわち「これはいくらですか？」という意味になります。

　ちなみに、アラブでは、野菜や果物、香辛料などの品をキロ単位で買うのが普通です。そのため、アラブ社会において、お店の人がお客さんに何キロ欲しいか、と聞くのはごく当たり前のことなのです。

エジプトの1ポンド（ジュナイフ　ワーヒド）紙幣

اَلْكِيلُو بِثَلَاثِينَ جُنَيْهاً.

アル・キーロー　ビサラースィーン　ジュナイフ
1キロは30ポンドになります。

اَلْكِيلُو = 1キロ　　بِثَلَاثِينَ = 30で：بِ（ビ）前置詞の「～で」

（サラースィーン）「30」 ثَلَاثِينَ

جُنَيْهاً = ポンド（エジプトの貨幣単位）

「～ بِ ビ」（～で）という語が、「いくらお金がかかる」の意味で使われています。

لَا، هَذَا غَالٍ جِدّاً.

ラー　ハーザー　ガーリー　ジッダン
それは高いですね（いいえ、これは高いですね）。

لَا = いいえ　هَذَا = これ（男性形）　غَالٍ = 高い　جِدّاً = 非常に

「هَذَا　ハーザー」はこれまでに何度か登場してきた指示代名詞で、「これ」を表します。「غَالٍ جِدّاً　ガーリー　ジッダン」は、「ガーリー غَالٍ」（高い）＋「ジッダン جِدّاً」（とても）が組み合わさったものです。値段交渉などの際に役立つ便利な表現です。ちなみに、その反対の「هَذَا رَخِيص جِدّا　ハーザー　ラヒース　ジッダン」（これはとても安いですね！）も覚えておきましょう。

حَسَناً، أَعْطِنِي اثْنَيْنِ
كِيلُو مِنْ فَضْلِكَ.

ハサナン、アーティニー　イスナイン　キーロー　ミン　ファドリカ
それじゃ、2 キロください。

أَعْطِنِي=私に~ください　اِثْنَيْنِ=(数字の)2　كِيلُو=キロ
مِنْ فَضْلِكَ=~ください / お願いします

「أعطني　アーティニー」は直訳は「私に与えてください」
の意味です。

コーヒーをください。

أعطني قهوة من فضلك.

アーティニー　カフワ　ミン　ファドリカ

これをください。

أعطني هذا من فضلك.

アーティニー　ハーザー　ミン　ファドリカ

上記のように、文の最後に「من فضلك　ミン　ファドリカ」
をつけると、丁寧な頼み方になります。

キーセンテンス ⑧

كَمِ السَّاعَةُ الآنَ؟

カミ⌒ッ・サーア⌒ル・アーン

今は何時ですか?

كَم =どれくらい? (数量を尋ねるときの疑問詞)

الآنَ =今　السَّاعَةُ =~時

時間を尋ねる

　時間を尋ねる表現を覚えましょう。この表現は、「السّاعةكم
アッ・サーア　カム」と語順を反対にしても、用いることがで
きます。この場合、現在の時間を聞いているのは明らかなの
で、必ずしも、「الآن アル・アーン」(今) をつけ加える必要は
ありません。これに対する答えは、以下のようになります。

5 時です。

السّاعة الخامسة.

アッ・サーア⌒ル・ハーミサ

السّاعة =時間　الخامسة =5 時

分 (ふん) については、「و ワ」の後に、分の数を入れます。

5 時 1 0 分です。

السّاعة الخامسة وعشر دقائق.

アッ・サーア⌒ル・ハーミサ　ワ　アシュル　ダカーイク

دقائق =分 (複数)　عشر = 10 (数字)

ちょうど1時半です。

الواحدة والنصف تماماً.

アル・ワーヒダ　ワ・ッ　ニスフ　タマーマン

الواحدة=1時　و=〜と　النصف=半分　تماماً=ちょうど

　また、実際の口語的会話では、次のように簡略化される場合がよくあります。以下のように、数字だけを言っても十分に通じます。

5時10分です。

خمسة وعشرة.

ハムサ　ワ　アシャラ

خمسة=（数字の）5　و=〜と　عشرة=（数字の）10

　また、「〜分前」のような表現は「إلا イッラー」を使います。

5時7分前

خمسة إلا سبعة

ハムサ　イッラー　サブァ

خمسة=（数字の）5　إلا=以外／除いて　سبعة=（数字の）7

UAE、ドバイの時計のある交差点

キーセンテンス ⑨

اَلْوَاحِدَةُ تَمَامًا، لِمَاذَا؟

アル・ワーヒダ　タマーマン、リマーザー
ちょうど 1 時です。どうしてですか？

اَلْوَاحِدَةُ = 1 時

لِمَاذَا = どうして？ / 何のため？　　تَمَامًا = ちょうど

「لِمَاذَا リマーザー」は日本語の「どうして、なぜ」にあたる疑問詞で、理由や原因などについて尋ねる場合に用いられます。

これは何のためですか？

لِمَاذَا هَذَا؟　　リマーザー　ハーザー

キーセンテンス ⑩

لِأَنَّ عِنْدِي مَوْعِدًا مَعَ صَدِيقِي الْيَوْمَ.

リアンナ　インディー　マウィドゥ　マア　サディーキ　ル・ヤウム
今日は友達との約束があるからです。

مَوْعِدًا = 約束　　عِنْدِي = 私には〜ある　　لِأَنَّ = 〜だから、なぜなら

مَعَ = 一緒に / と　　صَدِيقِي = 私の友達　　الْيَوْمَ = 今日

理由を述べる

理由を尋ねる問いに対して、答える表現です。原因などを述べます。「لِأَنَّ リアンナ」の後に、理由や原因を述べる文が続きます。

また、アーンミーヤ（口語）では本文の「یﬞً リアンナ」
ではなく、「علشان アラシャーン」という表現が、よく用い
られます。

かぜをひいているからです。

علشان عندي برد.

アラシャーン　インディー　バルド

علشان =〜だから　　عندي =私は〜を持っている　　برد =かぜ

🔺 **ワンランクアップ！　数字・時間**

ここではアラビア語の数字、時間と曜日について解説します。

■ **数字** 🔴CD 41

アラビア語の数字を覚えましょう。アラビア語の文字は右
から左に書かれますが、数字だけは日本語や英語と同様に左
から右に書かれます。

　　　＜1〜10まで＞

1▶١	واحد	ワーヒド	6▶٦	ستة	スイッタ
2▶٢	أثنان	イスナーン	7▶٧	سبعة	サブア
3▶٣	ثلاثة	サラーサ	8▶٨	ثمانية	サマーニヤ
4▶٤	أربعة	アルバア	9▶٩	تسعة	ティスア
5▶٥	خمسة	ハムサ	10▶١٠	عشرة	アシャラ

　　　※0は「・ スィフル」

11 ▶	١١	أحد عشر	アハダ　アシャル
12 ▶	١٢	اثنا عشر	イスナー　アシャル
13 ▶	١٣	ثلاثة عشر	サラーサタ　アシャル
14 ▶	١٤	أربعة عشر	アルバアタ　アシャル
15 ▶	١٥	خمسة عشر	ハムサタ　アシャル
16 ▶	١٦	ستة عشر	スイッタタ　アシャル
17 ▶	١٧	سبعة عشر	サブアタ　アシャル
18 ▶	١٨	ثمانية عشر	サマーニヤタ　アシャル
19 ▶	١٩	تسعة عشر	ティスアタ　アシャル
20 ▶	٢٠	عشرون	イシュルーン

<さらに大きな数字>

30 ▶	٣٠	ثلاثون	サラースーン
40 ▶	٤٠	أربعون	アルバウーン
50 ▶	٥٠	خمسون	ハムスーン
60 ▶	٦٠	ستون	スイットゥーン
70 ▶	٧٠	سبعون	サブウーン
80 ▶	٨٠	ثمانون	サマーヌーン
90 ▶	٩٠	تسعون	ティスウーン
100 ▶	١٠٠	مئة	ミア
200 ▶	٢٠٠	مائتان	ミアターン
500 ▶	٥٠٠	خمسمائة	ハムスミア
900 ▶	٩٠٠	تسعمائة	ティスゥミア
1000 ▶	١٠٠٠	ألف	アルフ
10000 ▶	١٠٠٠٠	عشرة آلاف	アシャラト　アーラーフ
100000 ▶	١٠٠٠٠٠	مئة ألف	ミアト　アルフ

例えば「21」という数字について考えてみましょう。日本語や英語では2けたの数字を言う場合、10の位から先に言いますが、アラビア語では1の位から先に言い、「1と20」「واحد و عشرون　ワーヒドゥ　ワ　イシュルーン」というふうに表現します。間に「〜と」にあたる「و　ワ」を入れます。

　また100の位や1000の位を言う場合は、位の大きい方から順番に言います。例えば「66,942」と言う場合、「(6と60の千)と(9百)と(2と40)」[(スィッタ　ワ　スィットゥーン　アルフ)ワ(ティスゥミア)ワ(イスナーン　ワ　アルバウーン)]となります。

UAE（アラブ首長国連邦）のディルハム硬貨

■ 時間

　時間を表現する場合、単純に数字を並べても理解してもらえます。例えば9：25なら「تسعة وخمسة وعشرون ティスア　ワ　ハムサワイシュルーン」で大丈夫です。また、アラビア語では以下のように表現することが多く、数字で15分、20分というよりもこちらの方がよく使われます。

15分	ربع	ルブウ（4分の1）
30分	نصف	ニスィフ（半分）
20分	ثلث	スルス（3分の1）

　また前述しましたが、「〜分（過ぎ）」「〜分前」という表現をまとめておきます。

| 〜分（過ぎ） | و | ワ |
| 〜分前 | إلا | イッラー |

日本語	アラビア語
～時 20 分前	إلا ثلث　～イッラー　スルス
～時 15 分前	إلا ربع　～イッラー　ルブウ
～時 10 分前	إلا عشر　～イッラー　アシュル
～時 5 分前	إلا خمس　～イッラー　ハムス
～時 5 分	وخمس　～ワ　ハムス
～時 10 分	وعشر　～ワ　アシュル
～時 15 分	وربع　～ワ　ルブウ
～時 20 分	وثلث　～ワ　スルス
～時半	ونصف　～ワ　ニスィフ

　時間を示すことをはっきりさせるために、数字の前に
「الساعة アッ・サーア」という語をつけることもできます。
例えば「5時半」は「الساعة خمسة ونصف　アッ・サーア
ハムサ⌒ワ　ニスィフ」といいます。この「الساعة アッ・
サーア」という単語は、文脈によって「～時間」「時計」な
どの意味を表す単語ですから、覚えておきましょう。

第  章

よく使う基本単語を覚えよう！

◎

アラビア語で
よく使う基本単語を
絵を見ながら覚えよう！

月 .... الشهور アッ・シュフゥール

アラブ世界ではイスラム暦と西暦が使われます。

イスラム暦はアラビア語で「アッ・タクウィーム⌢ル・ヒジュリー」（ヒジュラ暦）といいます。ヒジュラ暦が誕生したのは、西暦638年です。当時、イスラムの独自の暦を定めようと第二カリフ、ウマル・イブン・ハッターブが制定しました。

ヒジュラ暦は預言者ムハンマドがメッカからメディーナへ移住した年（西暦622年）を元年とします。ちなみにヒジュラとは「移住」を意味します。

アラブイスラム暦

1月 ▶ محرم　ムハッラム

2月 ▶ صفر　サファル

3月 ▶ ربيع الأول　ラビーウ⌢ル・アゥワル

4月 ▶ ربيع الآخر　ラビーウ⌢ル・アーヒル

5月 ▶ جمادى الأولى　ジュマーダ⌢ル・ウーラー

6月 ▶ جمادى الآخرة　ジュマーダ⌢ル・アーヒラ

7月 ▶ رجب　ラジャブ

8月 ▶ شعبان　シャァバーン

9月 ▶ رمضان　ラマダーン

10月 ▶ شوال　シャゥワール

11月 ▶ ذو القعدة　ズール⌢・カーダ

12月 ▶ ذو الحجة　ズール⌢・ヒッジャ

　一方現代では、アラブ世界でも、太陽暦である西暦が
よく使われています。欧米諸国との経済的な関係が深ま
るにつれ、アラブ諸国の多くの国が西暦を無視できなく
なり、それを公式の暦とする国も少なくありません。

西暦

1月 ▶	يناير	ヤナーイル
2月 ▶	فبراير	フェブラーイル
3月 ▶	مارس	マーリス
4月 ▶	ابريل	アブリール
5月 ▶	مايو	マーユー
6月 ▶	يونيو	ユーニュー
7月 ▶	يوليو	ユーリュー
8月 ▶	أغسطس	オゴストス
9月 ▶	سبتمبر	セプテンバル
10月 ▶	أكتوبر	オクトーバル
11月 ▶	نوفمبر	ノーブェムバル
12月 ▶	ديسمبر	ディーセンバル

🧕 **使ってみよう**

私は**7月**生まれです。

ولدت في شهر رجب.

ワゥリット　フィー　シャハリ　**ラジャブ**

CD 44

● 曜日 … أيام الأسبوع アイヤーム⌒ル・ウスブーゥ ●

■ 曜日について

　アラビア語の曜日の名称は、「يوم ヤウム」（日）を意味する単語に続けます。まず、土曜日は「يوم السبت ヤウム⌒ッ・サブト」といいます。「ア⌒ッ・サブト」は安息日を意味します。土曜日から一週間が始まるのです。

　日曜日以降は、「يوم ヤウム」の後に、数字にちなんだ名称をつけて表します。例えば、日曜日は「1の日」で「يوم الأحد ヤウム⌒ル・アハド」、月曜日は「2の日」で「ヤウム⌒ル・イスナイン」です。

　しかし金曜日は数字の「6の日」ではなく、イスラム教徒の人々がモスクに礼拝に集まる日であるため、「集合の日」、「يوم الجمعة ヤウム⌒ル・ジュムア」といいます。

土曜日 ▶	يوم السبت	ヤウム⌒ッ・サブトゥ
日曜日 ▶	يوم الأحد	ヤウム⌒ル・アハド
月曜日 ▶	يوم الاثنين	ヤウム⌒ル・イスナイン
火曜日 ▶	يوم الثلاثاء	ヤウム⌒ッ・スラーサー
水曜日 ▶	يوم الأربعاء	ヤウム⌒ル・アルビアー
木曜日 ▶	يوم الخميس	ヤウム⌒ル・ハミース
金曜日 ▶	يوم الجمعة	ヤウム⌒ル・ジュムア

季節 …… الفصول الأربعة アル・フスール◌ル・アルバア

春　الربيع
アッ・ラビーァ

夏　الصيف
アッ・サイフ

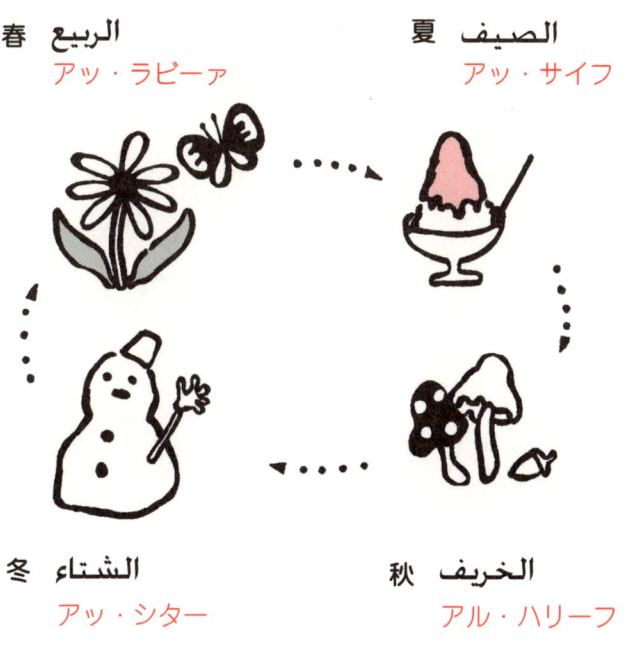

冬　الشتاء
アッ・シター

秋　الخريف
アル・ハリーフ

自然 ⋯⋯⋯⋯⋯⋯⋯⋯ الطبيعة アッ・タビーア

太陽 شمس
シャムス

空 سماء
サマー

空気 هواء
ハワー

山 جبل
ジャバル

砂漠 صحراء
サハラー

岩 صخرة
サフラ

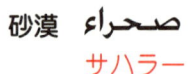

石 حجر
ハジャル

川 نهر
ナハル

194

湖　بحيرة
プハイラ

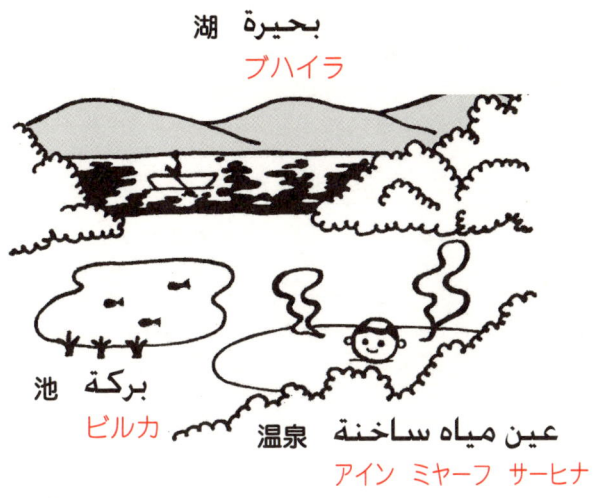

池　بركة
ビルカ

温泉　عين مياه ساخنة
アイン　ミヤーフ　サーヒナ

島　جزيرة
ジャズィーラ

海　بحر
バハル

浜・岸　شاطئ
シャーティ

色 ……………………… الألوان アル・アルワーン

色を表す形容詞は、修飾する名詞が男性名詞か、
女性名詞かによって形が異なります。

	男性形	女性形
白	أبيض アブヤド	بيضاء バイダー
黒	أسود アスワド	سوداء サウダー
赤	أحمر アハマル	حمراء ハムラー
オレンジ	برتقالي ブルトカーリー	برتقالية ブルトカーリーヤ
青	أزرق アズラク	زرقاء ザルカー
緑	أخضر アハダル	خضراء ハドラー
黄	أصفر アスファル	صفراء サフラー
茶	بني ブンニー	بنية ブンニィーヤ
グレー	رمادي ラマーディー	رمادية ラマーディーヤ

女性の職業の言い方については第2章 Lesson1
の「文法のとことん話」をご覧ください。

CD
48

職業など ……… المهنة アル・ミハナ

教師　　　　　　　ビジネスマン　　　医者

معلم(مدرس)　　　رجل أعمال　　طبيب
ムアッリム（ムダッリス）ラジュル　アアマール　タビーブ

サラリーマン ▶ موظف 　ムワッザフ

公務員 ▶ موظف عام(موظف حكومي)
ムワッザフ　アーム（ムワッザフ　フクーミー）

秘書（男）▶ سكرتير 　セクリティール

弁護士 ▶ محامي 　ムハーミー

政治家 ▶ سياسي(رجل سياسي)
スィヤースィー（ラジュル　スィヤースィー）

使ってみよう

私は先生です。

أنا مدرس. アナー　**ムダッリス**

أنا：私（人称代名詞）　مدرس：学校の先生

職業など（続き） …… المهنة アル・ミハナ

ホテルマン
موظف في فندق
ムワッザフ　フィーフンドク

警官
شرطي（رجل بوليس）
ショルティー（ラジュル　ボーリース）

コンピューターエンジニア
مهندس كمبيوتر
ムハンディス　コンピュータル

ツアーガイド ▶ مرشد سياحي ムルシイド　スイヤーヒー

客室乗務員 ▶ مضيفة ムディーファ

消防士 ▶ رجل المطافي ラジュル＿ル・マータフィー

コック・調理師 ▶ طباخ タッバーフ

ジャーナリスト ▶ صحفي サハフィー

編集者 ▶ محرر ムハッリル

看護婦
ممرضة
ムマッリダ

学生
طالب
ターリブ

ウエイター
خادم
ハーディム

プログラマー ▶ مبرمج كمبيوتر　ムバルミジュ　コンピュータル
写真家 ▶ مصور　ムサッウイル
看護士 ▶ ممرض　ムマッリド
デザイナー ▶ مصمم　ムサンミム
建築家 ▶ مهندس معماري　ムハンディス　ミゥマーリー
ウエイトレス ▶ خادمة　ハーディマ

CD 50

方向・方角… الاتجاهات アル・イッティジャーハート

前 أمام
アマーム

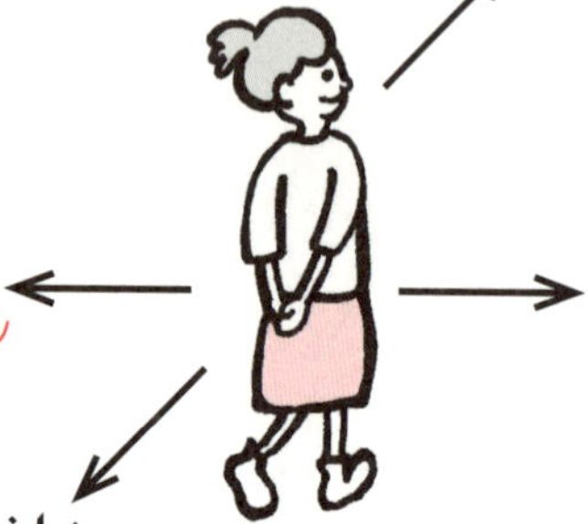

左 يسار
ヤサール

右 يمين
ヤミーン

後ろ خلف
ハルフ

上 فوق
ファウク

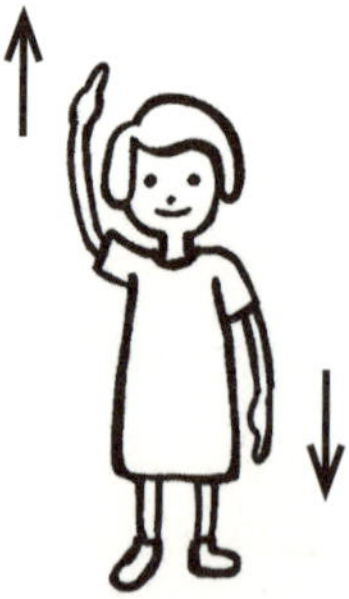

下 تحت
タハタ

中 داخل
ダーヒル

外 خارج
ハーリジュ

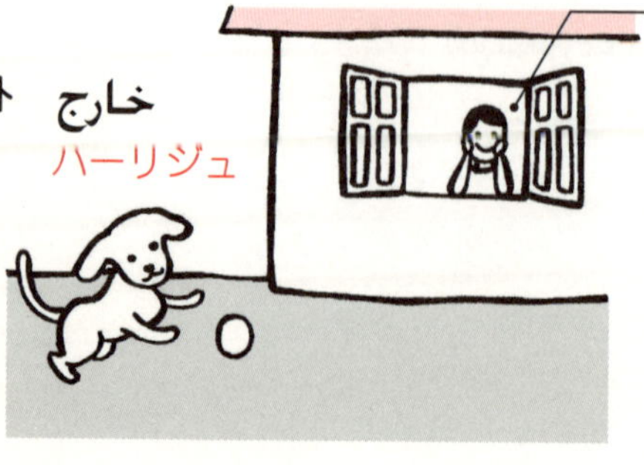

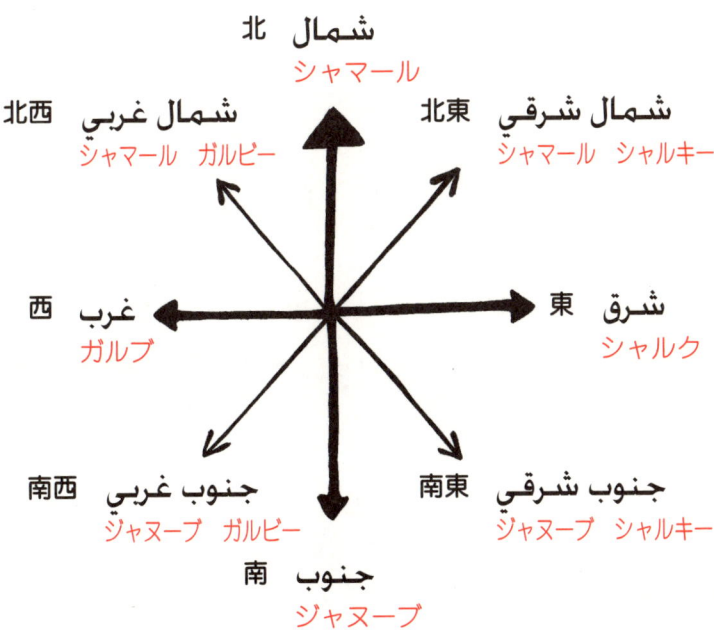

北　شـمال
シャマール

北西　شـمال غربـي　　北東　شـمال شرقـي
シャマール　ガルビー　　　　シャマール　シャルキー

西　غرب　　　　　　　　　　東　شرق
ガルブ　　　　　　　　　　　シャルク

南西　جنوب غربـي　　南東　جنوب شرقـي
ジャヌーブ　ガルビー　　　　ジャヌーブ　シャルキー

南　جنوب
ジャヌーブ

家族 ···················· العائلة アル・アーイラ

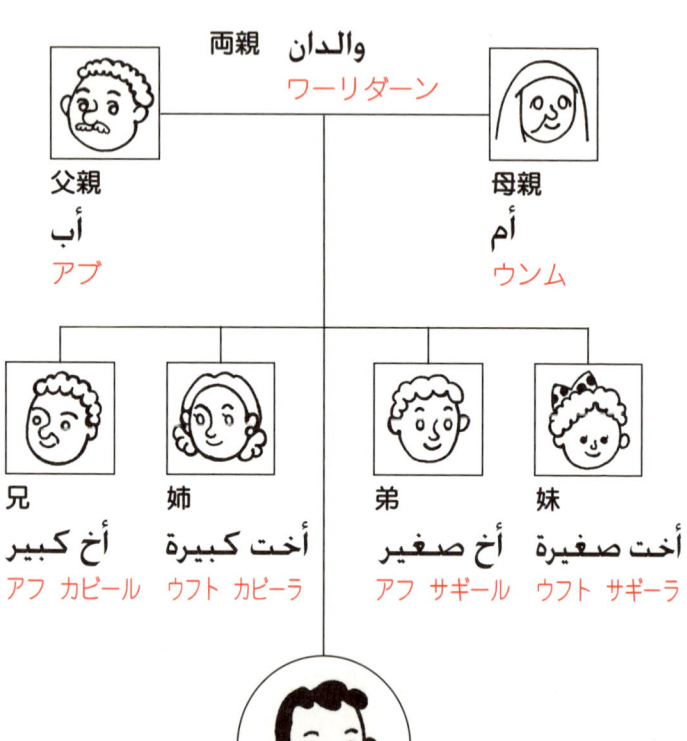

両親　والدان
ワーリダーン

父親
أب
アブ

母親
أم
ウンム

兄　أخ كبير
アフ　カビール

姉　أخت كبيرة
ウフト　カビーラ

弟　أخ صغير
アフ　サギール

妹　أخت صغيرة
ウフト　サギーラ

私

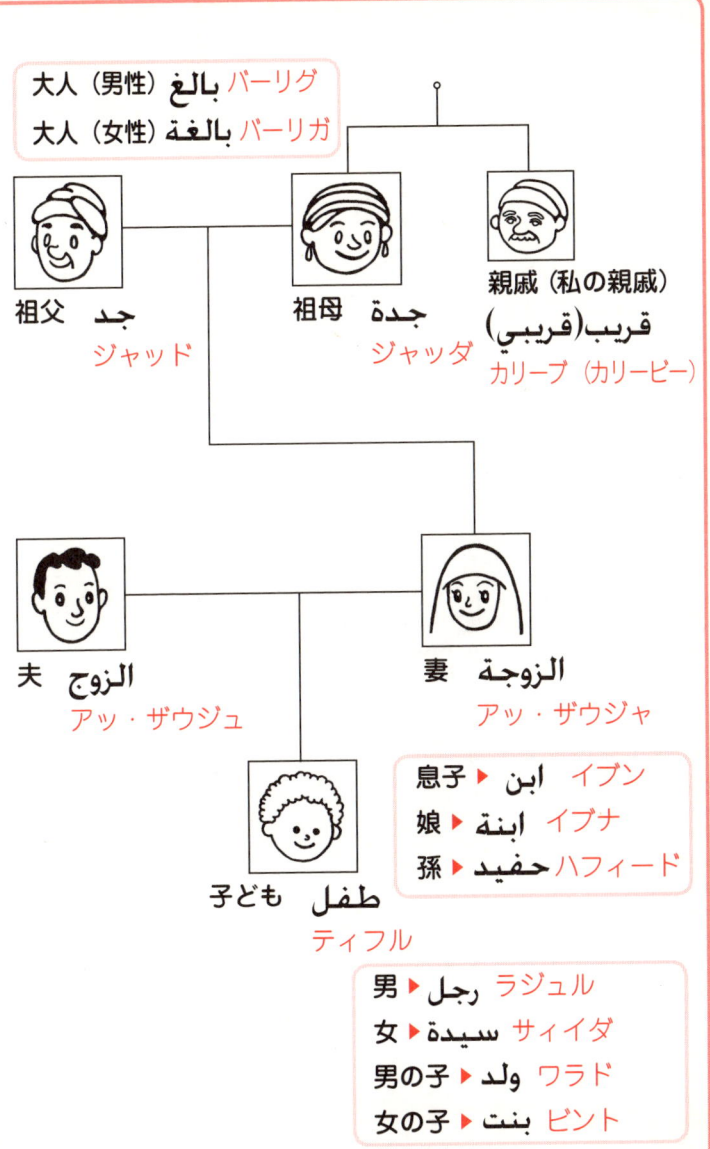

大人（男性）بالغ バーリグ
大人（女性）بالغة バーリガ

祖父 جد
ジャッド

祖母 جدة
ジャッダ

親戚（私の親戚）
قريب（قريبي）
カリーブ（カリービー）

夫 الزوج
アッ・ザウジュ

妻 الزوجة
アッ・ザウジャ

息子 ▶ ابن　イブン
娘 ▶ ابنة　イブナ
孫 ▶ حفيد　ハフィード

子ども طفل
ティフル

男 ▶ رجل　ラジュル
女 ▶ سيدة　サイイダ
男の子 ▶ ولد　ワラド
女の子 ▶ بنت　ビント

CD 52

身体 ……… أعضاء الجسم アーダーゥ⌒ル・ジスム

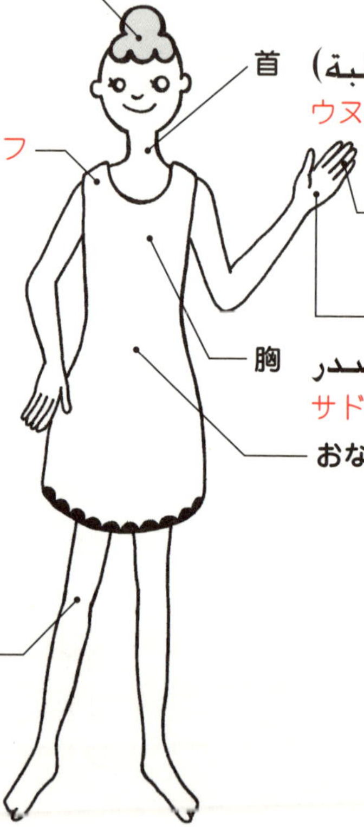

頭 رأس
ラァス
首 عنق(رقبة)
ウヌク（ラカバ）
肩 كتف
カティフ
指 إصبع
イスバウ
手 يد
ヤド
胸 صدر
サドゥル
おなか بطن
バトゥン
膝 ركبة
ルクバ

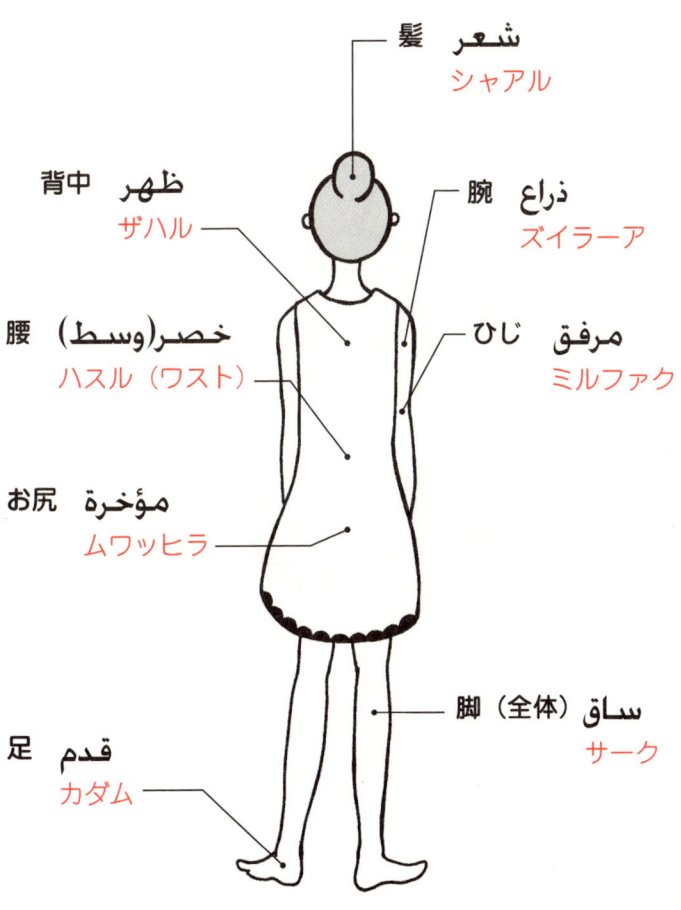

髪　شــعـر
シャアル

背中　ظـهـر
ザハル

腕　ذراع
ズイラーア

腰　خصر(وسط)
ハスル（ワスト）

ひじ　مرفق
ミルファク

お尻　مؤخّرة
ムワッヒラ

脚（全体）　ســاق
サーク

足　قدم
カダム

CD 53

身体（続き）……أعضاء الجسم アーダーゥ⌒ル・ジスム

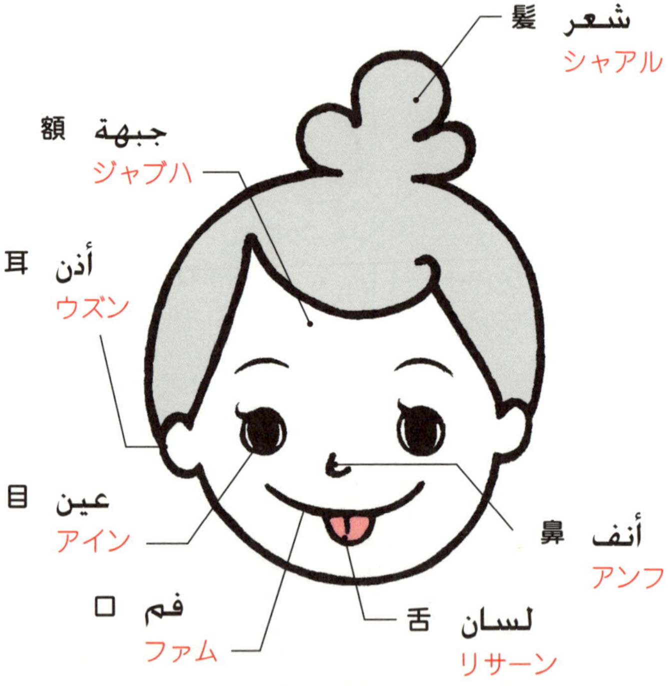

髪 شعر
シャアル
額 جبهة
ジャブハ
耳 أذن
ウズン
目 عين
アイン
鼻 أنف
アンフ
口 فم
ファム
舌 لسان
リサーン

顔 وجه
ワジュフ

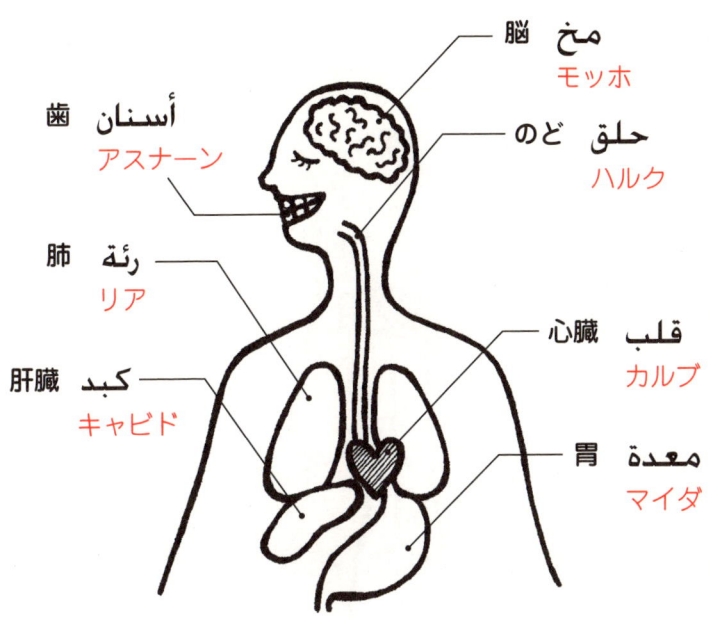

脳　مخ
モッホ

歯　أسنان
アスナーン

のど　حلق
ハルク

肺　رئة
リア

心臓　قلب
カルブ

肝臓　كبد
キャビド

胃　معدة
マイダ

骨　عظم（عظام）
アズム（イザーム）

血管　شرايين
シャラーイーン

衣類 ·········· الملابس アル・マラービス

スカーフ　اشرب
イシャルプ

ハンカチ　منديل
ミンディール

シャツ　قميص
カミース

コート　معطف
ミイタフ

スカート　جيبة
ジーバ

靴下　جوارب
ジャワーリブ

靴　حذاء
ヒザー

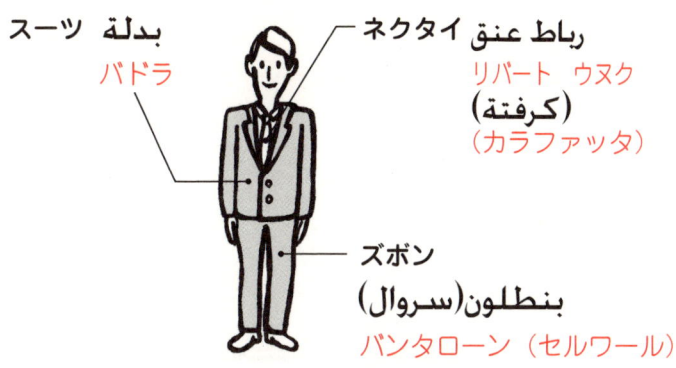

スーツ　بدلة
バドラ

ネクタイ　رباط عنق
リバート　ウヌク
（كرفتة）
（カラファッタ）

ズボン
بنطلون（سروال）
バンタローン（セルワール）

ドレス
فستان
フスターン

長いワンピース
عباءة
アバーア

下着
ملابس داخلية
マラービス　ダーヒリィーヤ

家の中 … داخل المنزل ダーヒルール・マンズル

部屋 غرفة
グルファ

ドア باب バーブ　玄関 مدخل マドウハル　壁 حائط ハーエト

お風呂 حمام ハンマーム　階段 (درج) سلم スッラム（ダラジュ）

トイレ دورة المياه
ダウラトール・ミヤー

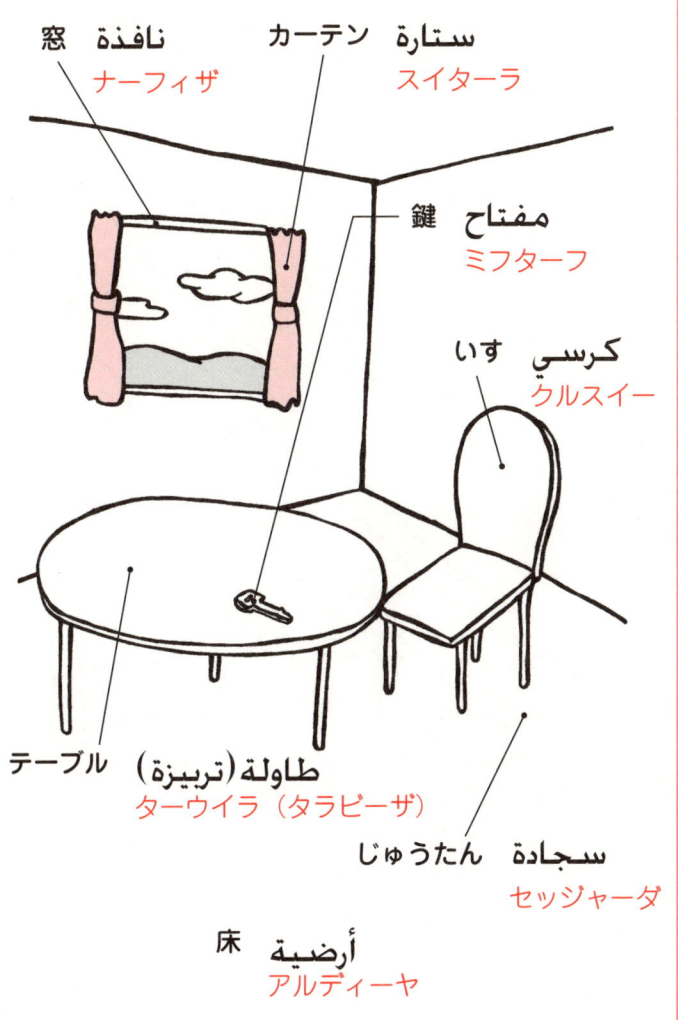

窓　نافذة
ナーフィザ

カーテン　ستارة
スイターラ

鍵　مفتاح
ミフターフ

いす　كرسي
クルスイー

テーブル　طاولة (تربيزة)
ターウイラ（タラビーザ）

じゅうたん　سجادة
セッジャーダ

床　أرضية
アルディーヤ

建物など ·········· المباني アル・マバーニー

عمارة ビル
イマーラ

デパート
مجمع تجاري
ムジャンマア　ティジャーリー

ホテル
فندق(أوتيل)
フンドク（ウーテール）

交番　مركز الشرطة
マルカズ゚ッ・シュルタ

学校
مدرسة
マドゥラサ

公園　حديقة
ハディーカ

劇場
مسرح
マスラフ

212

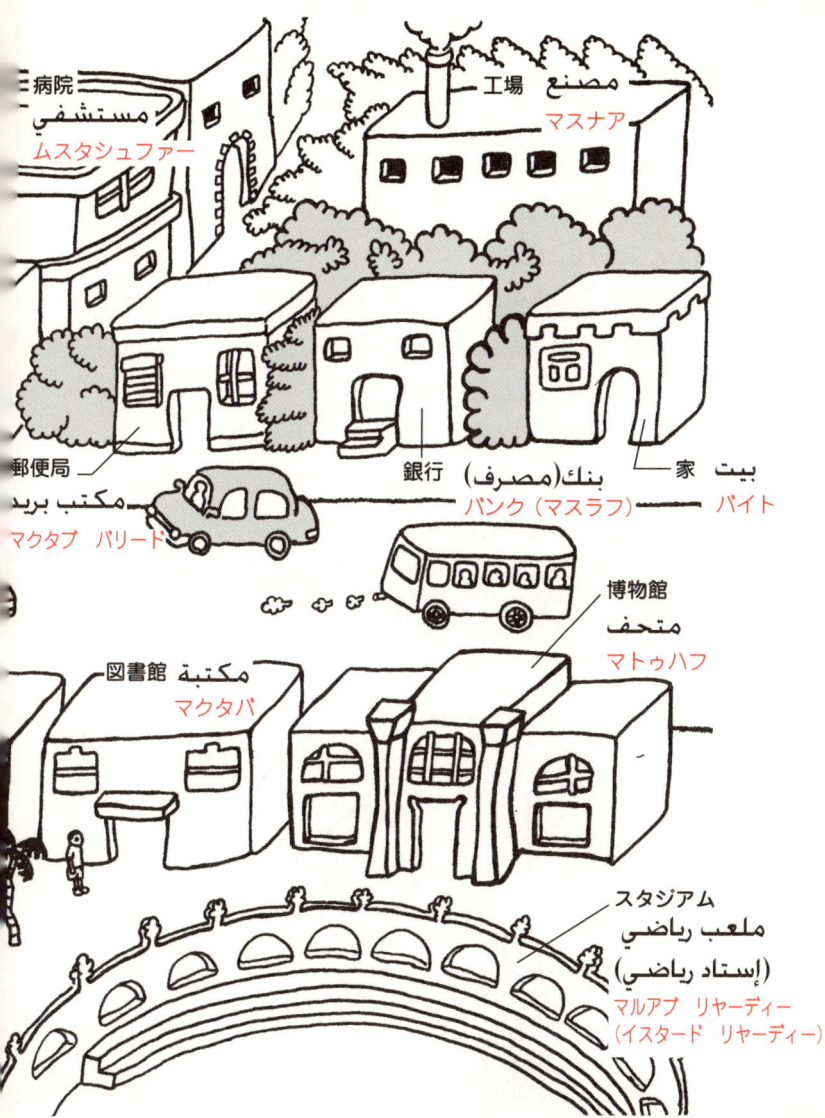

病院　مستشفى
ムスタシュファー

工場　مصنع
マスナア

郵便局　مكتب بريد
マクタブ　バリード

銀行　بنك(مصرف)
バンク (マスラフ)

家　بيت
バイト

博物館　متحف
マトゥハフ

図書館　مكتبة
マクタバ

スタジアム　ملعب رياضي
(إستاد رياضي)
マルアブ　リヤーディー
(イスタード　リヤーディー)

○ 時間 ⋯⋯⋯⋯⋯⋯⋯⋯⋯⋯ الوقت アル・ワクトゥ ○

「الساعة アッ・サーア」とは、「〜時」を表します。

1時 ▶	الساعة الواحدة	アッ・サーア⌒ル・ワーヒダ
2時 ▶	الساعة الثانية	アッ・サーア⌒ッ・サーニヤ
3時 ▶	الساعة الثالثة	アッ・サーア⌒ッ・サーリサ
4時 ▶	الساعة الرابعة	アッ・サーア⌒ッ・ラービア
5時 ▶	الساعة الخامسة	アッ・サーア⌒ル・ハーミサ
6時 ▶	الساعة السادسة	アッ・サーア⌒ッ・サーディサ
7時 ▶	الساعة السابعة	アッ・サーア⌒ッ・サービア
8時 ▶	الساعة الثامنة	アッ・サーア⌒ッ・サーミナ
9時 ▶	الساعة التاسعة	アッ・サーア⌒ッ・タースィア
10時 ▶	الساعة العاشرة	アッ・サーア⌒ル・アーシュラ

11時 ▶ الساعة الحادية عشرة

アッ・サーア⌒ル・ハーディヤタ　アシュラ

12時 ▶ الساعة الثانية عشرة

アッ・サーアッ・サーニヤタ　アシュラ

7時半 ▶ الساعة السابعة والنصف
アッ・サーア⌒ッ・サービア　ワ⌒ッ・ニスィフ

8時40分 ▶ الساعة التاسعة إلا الثلث
アッ・サーア⌒ッ・タースィア　イッラ⌒ッ・スルス

9時ちょうど ▶ الساعة التاسعة تماما
アッ・サーア⌒ッ・タースィア　タマーマン

10時5分過ぎ ▶ الساعة العاشرة وخمس دقائق
アッ・サーア⌒ル・アーシラ　ワ　ハムス　ダカーイク

7時15分 ▶ الساعة السابعة والربع
アッ・サーア⌒ッ・サービア　ワ⌒ッ・ルブウ

7時20分 ▶ الساعة السابعة والثلث
アッ・サーア⌒ッ・サービア　ワ⌒ッ・スルス

8時15分前 ▶ الساعة الثامنة إلا الربع
アッ・サーア⌒ッ・サーミナ　イッラ⌒ッ・ルブウ

使ってみよう

今何時ですか？

كم الساعة الآن؟
カミ⌒ッ・サーア（トゥ）⌒ル・アーン

7時です。

الساعة السابعة.
アッ・サーア⌒ッ・サービア

時間（続き）……………… الوقت アル・ワクトゥ

午前 ▶ قبل الظهر カブラ⌒ッ・ズフリ

午後 ▶ بعد الظهر バアダ⌒ッ・ズフリ

正午 ▶ ظهر ズフル

正午の時間 ▶ وقت الظهر ワクト⌒ッ・ズフリ

朝
الصباح
アッ・サバーハ

昼
ساعات النهار
サーアート⌒ッ・ナハール

真夜中
منتصف الليلة
ムンタサフ⌒ッ・ライラ

夜（夕方）
المساء
アル・マサー

今朝 ▶ هذا الصباح ハーザ⌒ッ・サバーハ

翌朝 ▶ صباح الغد サバーハ⌒ル・ガド

昨晩 ▶ الليلة الماضية アッ・ライラトゥ⌒ル・マーディヤ

今晩 ▶ هذا المساء ハーザ⌒ル・マサー

明晩 ▶ مساء الغد マサーウ⌒ル・ガド

第 **4** 章

場面別の
便利表現を
覚えよう！

◎

旅行などに使える便利な表現
をどんどん覚えよう！

① ▶ 基本的なあいさつ

こんにちは。

アッサラーム　アレイコム

アッサラーム：平和　　アレイコム：あなたがたの上に

こんにちは（返事）。

ワアレイコム　ッ・サラーム

ワ：そして　　アレイコム：あなたがたの上に　　サラーム：平和

おはようございます。

サバーホ　ル・ヘール

サバーホ：朝　　ル・ヘール：よい
★このあいさつは午前中ならいつでも使えます。

おはようございます（返事）。

サバーホ　ン・ヌール

サバーホ：朝　　ン・ヌール：光／明かり
★エジプト人の間では、「おはようございます」の意味を持つあいさつ
　がいくつか使われています。「サバーホ　ル・ヘール」と言われたら、
　このあいさつで返すことができます。

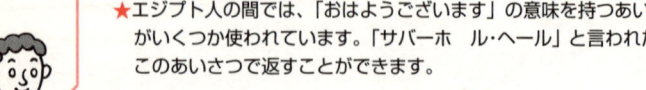

こんばんは。

マサーウ　ル・ヘール

マサーウ：夕方／夜　　ル・ヘール：よい
★遅い午後から夜遅くまで使えます。

こんばんは（返事）。

マサーウ　ン・ヌール

マサーウ：夕方／夜　　ン・ヌール：光／明かりの

調子はどうですか？

イッザイヤック？

イッザイ：どのような（状態）　　ヤック：あなたの

どうしていますか？

アーミル　エー？

アーミル：あなたは～する　　エー：何を？

お会いできて光栄です。

タシャッラフナー

★返事も同じ言葉を使います。

失礼します（おいとまします）。

アン　イズナック

アン：〜から　　イズナック：あなたからの許可

どうぞ。

イタファッダル（男性に対して）

イタファッダリー（女性に対して）

さようなら。

マア　ッ・サラーマ

マア：〜と一緒に / 〜とともに　　サラーマ：無事

神のご加護がありますように（「さようなら」に返す言葉）。

アッラー　ユサッリマック（男性に対して）

アッラー　ユサッリミック（女性に対して）

アッラー：神様　　ユサッリマック：あなたに平和を与えてくれる

すみませんが。

ラウ　サマハト（男性に対して）

ラウ　サマハティ（女性に対して）

ラウ：もし　　サマハト：あなたがお許しになるなら

失礼ですが。

ラー　ムアーハザ

ラー：なし　　ムアーハザ：非難すること

わかりました。

フィヒムト

フィヒムト：私は理解しました

私はわかりません。

アナー　ムシュ　ファーヒム

ムシュ：〜でない　　ファーヒム：私は理解しています

承知しました。

ハーディル

コラム　〈警察に説明する〉

　アラブの警察は外国人に丁寧に対応してくれます。パスポート、財布の紛失などのトラブルに遭ったときには、まず警察に届けましょう。まず、自分の国籍や名前を名乗ってから、盗難証明書の発行を申請します。これは、再発行や保険金請求に必要になります。

① ▶ 基本的なあいさつ（続き）

ありがとうございます。

アシュクラック（相手が男性の場合）
アシュクリック（相手が女性の場合）

アシュクラック：私はあなたに感謝する

本当にありがとうございます。

アッラー　ヤハリィーク

アッラー：神様　　ヤハリィーク：あなたをお守りする

大変感謝しております。

アナー　ムタシャッキル　アウィ

アナー：私は　　ムタシャッキル：感謝している　　アウィ：非常に

申し訳ありません。

アナー　アースィフ（男性が言う場合）
アナー　アースィファ（女性が言う場合）

アナー：私　　アースィフ：申し訳ないと思っている

すみませんでした。

ムタアッスィフ（男性に対して）
ムタアッスィファ（女性に対して）

ムタアッスィフ：申し訳ないと思っている

ごめんなさい。

マァレーシュ

※下の説明をお読みください

何でもありません（気にしないでください）。

マフィーシュ　ハーガ

マフィーシュ：ありません　　ハーガ：何も

● **マァレーシュについて**

　よく使われる表現マァレーシュには、２つの用法があります。

　まず、マァレーシュは直訳で「あなたの上には何もない」という意味です。これは何かミスをしてしまい、相手に謝るときに使います。

　また、自分に対してミスをした相手に対し、英語の "Don't mind." のように「何でもありませんよ」という意味で使う場合がありますので、覚えておきましょう。

エジプト、アレキサンドリアの海

223

② ▶ 両替

CD 62

このあたりに銀行はありますか？

ラウ　サマハト、フィー　バンク　ヘナー？

ラウ　サマハト：すみませんが　　フィー：ある
バンク：銀行　　ヘナー：ここ

換金がしたいのですが。

アーウィズ　アガイヤル　オムラ　ラウ　サマハト

アーウィズ：したい / 欲しい　　アガイヤル：私は〜換える
オムラ：通貨　　ラウ　サマハト：ください / お願いします

換金がしたいのですが（別の言い方）。

アーウィズ　アガイヤル　フルース

アーウィズ：したい / 欲しい　　アガイヤル：私は〜換える
フルース：お金

現金ですか？　それともトラベラーズチェックですか？

マアーク　ナァド　ワッラー　シーク　スィヤーヒー？

マアーク：あなたは〜持っている　　ナァド：現金
ワッラー：それとも　　シーク　スィヤーヒー：トラベラーズチェック

私はドルを持っています。

マアーヤ　ドララート

マアーヤ：私は〜持っている　　ドララート：ドルの複数形

ドルの値段はおいくらですか？

ビカーム　スェル　アッ・ドラール

ビカーム：いくら？　　スェル：値段　　アッ・ドラール：1ドル

領収書をください。

ワスル　ミン　ファドラック

ワスル：領収書　　ミン　ファドラック：〜ください / お願いします

コラム　　買い物は、旅の最大の楽しみであることは、言う
までもありません。さて、アラブ世界では、買い物
をする際、日本と違って、値段交渉をするのが一般的です。
"値段交渉は買い物につきもの"というのが、アラブ世界の
常識なのです。
　皆さんも、買い物する際の値段交渉を面倒と考えるのではなく、アラブ世界への旅の楽しみの1つ、というふうに考えると、旅先での様々な会話がさらに楽しめると思います。

③ ▶ 道を尋ねる

この場所はどこですか？

イル・マカーン　ダ　フェーン？

イル・マカーン：場所　　ダ：これ / この（男性名詞）
フェーン：どこ？

エジプト考古学博物館はどこですか？

フェーン　エル・マトハフ　エル・マスリー？

フェーン：どこ？　　　エル・マトハフ：博物館
エル・マスリー：エジプトの〜（形容詞）

★ 「〜はどこですか？」と尋ねるときには、「フェーン + 場所名？」。

この通りの名前は何ですか？

イッ・シャーレア　ダ　イスムゥ　エー？

イッ・シャーレア：通り / 道　　ダ：これ / この（男性名詞）
イスムゥ：その名前　　エー：何？

★ 「〜の名前は何ですか？」と尋ねるときは、「指しているもの（対象物）+ ダ　イスムゥ　エー？」。

この広場の名前は何ですか？

イル・ミーダーン　ダ　イスムゥ　エー？

イル・ミーダーン：広場　　ダ：これ / この（男性名詞）　　エー：何？

どうやって、あそこに行きますか？

アルーホ　ヒナーク　イッザーイ？

アルーホ：私は〜行く　　ヒナーク：あそこ／あちら
イッザーイ：どうやって？

すみませんが、私は〜に行きたいのですが。

ラウ　サマハト、アナー　アーウィズ　アルーホ　リ〜

ラウ　サマハト：すみませんが　　アナー：私は
アーウィズ：私は〜したい／欲しい　　アルーホ：私は〜行く
リ：〜へ

★「私は〜に行きたいのですが」と伝えたいときは、「アナー　アーウィ
ズ　アルーホ　リ ＋ 行き先の名」。

この道をまっすぐに歩きます。

ティムシ　イッ・シャーレア　ダ　アラ　トゥール

ティムシ：あなたは〜歩く　　イッ・シャーレア：通り／道
ダ：これ／この（男性名詞）　　アラ　トゥール：まっすぐに

左（右）に曲がります。

テウヘィド　シマール（ヤミーン）

テウヘィド：あなたは〜に曲がる　　シマール：左　　ヤミーン：右

④ ▶ 買い物

ようこそ、いらっしゃいました。

アハラン　ワ　サハラン

これを買いたいのですが。

アーウィズ　アシュテリー　ダ/ディー　ラウ　サマハト

アーウィズ：私は〜したい/欲しい　　ダ：これ/この（男性名詞）
ディー：これ/この（女性名詞）
ラウ　サマハト：ください/お願いします

★「私は〜を買いたいのですが」と伝えたいときは、「アーウィズ　ア
　シュテリー ＋ 品物の名［パピルス（バルディー）、金（ダハブ）など］」

それはどこで買えますか？

ミン　フェーン　ムムキン　アシュテリー・ハー

ミン：〜から　　フェーン：どこ？　　ムムキン：〜できる
アシュテリー：私は〜を買う　　ハー：それ（3人称女性用代名詞）
★「アシュテリー・ハー」で「私はそれを買います」。

ほかの品を見せてください。

ワッリーニー　ハーガ　タニヤー

ワッリーニー：私に〜見せてくれ　　ハーガ：何か
タニヤー：ほかの〜

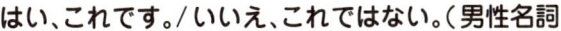

これ？ （男性名詞）

ダ？

はい、これです。／いいえ、これではない。（男性名詞）

アイュワ、　ダ　／ラー、ムシュ　ダ

アイュワ：はい（「はい」はナアムのほかにこの言い方もよく使います）
ラー：いいえ　　ムシュ：〜でない

これ？ （女性名詞）

ディー？

はい、これです。／
いいえ、これではない。（女性名詞）

アイュワ、　ディー　／ラー、ムシュ　ディ

④ ▶ 買い物（続き）

これはいいですね。

ダ　クワイイス（男性名詞）

ダ：これ / この（男性名詞）　　クワイイス：よい（男性形）

ディー　クワワイサ（女性名詞）

ディー：これ / この (女性名詞)　　クワワイサ：よい（女性形）

これはよくないな。

ダ　ムシュ　クワワイス (男性名詞)

ディー　ムシュ　クワイイサ (女性名詞)

もっと大きいものが欲しいのです。

アーウィズ　ハグム　キビール

アーウィズ：私は〜したい / 欲しい　　ハグム：サイズ
キビール：大きい

これはとても高いですね。

ダ　ガーリー　ギッダン

ダ：これ / この（男性名詞）　　ガーリー：高い（男性形）
ギッダン：とても / 非常に

少し安くしてください。

ラッハス　シュワイヤ

ラッハス：〜を安くしてください　　シュワイヤ：少し

これは私のサイズではないです。

ダ　ムシュ　マアースィー

ダ：これ / この（男性名詞）　　ムシュ：〜でない
マアースィー：私のサイズ

これよりもっと大きいのが欲しいのです。

アーウィズ　ハーガ　アクバル

アーウィズ：私は〜したい / 欲しい　　ハーガ：もの
アクバル：もっと大きい

これよりもっと小さいのが欲しいのです。

アーウィズ　ハーガ　アスガル

アーウィズ：私は〜したい / 欲しい　　ハーガ：もの
アスガル：もっと小さい

ありがとう。また来ます。

シュクラン、　ハーギー　マッラ　タニヤー

シュクラン：ありがとう　　ハーギー：私は〜来る（未来を指す言い方）
マッラ：1 回　　タニヤー：第 2 の　　マッラ　タニヤー：もう一度

⑤ ▶ 乗り物

バス乗り場はどこですか？

フェーン　マハッタト　オートビース？

フェーン：どこ？　　マハッタト：駅／〜停留所　　オートビース：バス

タクシー乗り場はどこですか？

フェーン　マウクフ　エル・タクスィー？

フェーン：どこ？　　マウクフ：乗り場　　エル・タクスィー：タクシー

ギザ地区のピラミッドまでお願いします。

リアハラーマート　エル・ギーザ　ラウ　サマハト

リ：〜へ／〜まで　　アハラーマート　エル・ギーザ：ギザ地区のピラミッド
ラウ　サマハト：お願いします

★ 「〜まで／〜へ（行ってください）」と行き先を伝えたいときは、「リ
　＋ 行き先の場所名」。

この場所は遠いですか、それとも近いですか？

ホッワ　ウライエブ　ワッラ　ビイード？

ホッワ：彼（3人称男性用代名詞）　　ウライエブ：近い（男性形）
ワッラ：それとも　　ビイード：遠い（男性形）

料金はいくらですか？

エル・ウグラ　カーム？

エル・ウグラ：料金／〜代　　カーム：いくら？／どれぐらい？

ここでおろしてください。

ナッズィルニー　ヘナー

ナッズィルニー：私をおろして（命令形）
ニー：「私」の人称代名詞の目的格　　ヘナー：ここ

～へ電車で行きたいのですが。

アーウィズ　アルーホ　ビル・アタール　リ～

アーウィズ：私は～したい／欲しい　　アルーホ：私は行く
ビル・アタール：電車で　　リ：～へ／～まで

（地名）～行きへのチケットを予約したいのですが。

アーウィズ　アヒグズ　タズカラ　リ～

アーウィズ：私は～したい／欲しい　　アヒグズ：私は予約する
タズカラ：チケット　　リ：～へ／～まで

> **コラム**　アラブのタクシー料金はたいてい一定していません。メーターがついていても、メーターより高い料金を要求してくることも多いのです。そのため、乗る前に、いくらかかるか必ず聞いておくことにしましょう。
>
> 　また、アラブのホテルで、部屋をとる際には、チェックインのときに、部屋の種類、料金、宿泊日数などを必ず確認しましょう。また、実際に部屋を見せてもらってから決めることが可能なホテルも多いので、尋ねてみましょう。

⑥ ▶ ホテル

空き部屋はありますか？

アンダク　オーダ　ファーディヤ？

アンダク：あなたのところに〜がある（持っている）
オーダ：部屋　　ファーディヤ：空いている（女性形）

はい、あります。

アイュワ　アンディー

アイュワ：はい
アンディー：私のところに〜がある（持っている）

いいえ、ありません。

ラー、マアンディーシュ

ラー：いいえ　　マ：〜ではない（否定形）
アンディーシュ：私のところに〜がない（持っていない）

シングルルームがいいのですが。

アーウィズ　オーダ　リ・シャハス　ワーヒド

アーウィズ：私は〜したい／欲しい　　オーダ：部屋
リ：〜ために　　シャハス：人　　ワーヒド：数字の1

ツインの部屋をお願いします。

アーウィズ　オーダ　ビ・スィリーレーン

アーウィズ：私は〜したい／欲しい　　オーダ：部屋
ビ：〜のついた　　スィリーレーン：2つのベッド

234

その部屋の料金はいくらですか？

オグラト　エル・オーダ　ディー　ビカーム？

オグラト：料金　　エル・オーダ：その部屋
ディー：これ / この（女性名詞）　　ビカーム：いくら？

この料金は朝食が含まれていますか？

エル・オグラ　ディ　マア　エル・フィタール？

エル・オグラ：その料金　　ディ：これ / この（女性名詞）
マア：〜と一緒に（前置詞）　　エル・フィタール：朝ごはん

私は（ここに）予約しています。

アナー　アンディー　ハグズ　ヘナー

アナー：私は　　アンディー：私のところに〜がある（持っている）
ハグズ：予約　　ヘナー：ここ

カードで払えますか？

ムムキン　アドファア　ビル・カルト？

ムムキン：〜できる　　アドファア：私は払う
ビ：〜で（手段）　　ル・カルト：カード

CD
68

この近くに薬局はありますか？

フィ　サィダリーヤ　ウラィイバ　ミン　ヘナー？

フィ：ある　　サィダリーヤ：薬局
ウラィイバ：近い（女性形）　　ミン：〜から　　ヘナー：ここ

この近くに病院はありますか？

フィ　ムスタシェファー　ウラィイブ　ミン　ヘナー？

フィ：ある　　ムスタシェファー：病院
ウラィイブ：近い（男性形）　　ミン：〜から　　ヘナー：ここ

どうしたんですか？

アンダク　エー？

アンダク：あなたのところに〜がある（持っている）　　エー：何が？
★相手が女性の場合は、「アンダク」→「アンディキ」。

どうしました？

マー　ラック？

マー：何？　　ラック：あなたにとって（相手が男性の場合）
★相手が女性の場合は、「ラック」→「リッキ」。

236

私はおなかが痛いです。

アンディー　ワガァ　フィ　ル・バトン

アンディー：私のところに〜がある（持っている）　　フィ：〜に
ル・バトン：おなか

私は下痢をしています。

アンディー　イスハール

アンディー：私のところに〜がある（持っている）
イスハール：下痢

私は頭痛がします。

アンディー　スダーァ

アンディー：私のところに〜がある（持っている）
スダーァ：頭痛

私は熱があります。

アンディー　ハラーラ

アンディー：私のところに〜がある（持っている）
熱：ハラーラ

私は病気です。

アナー　アイヤーン（男性が言う場合）

アナー　アイヤーナ（女性が言う場合）

アナー：私は　　アイヤーン：病気の

⑦ ▶ 病気になったとき（続き）

CD
69

私は疲れています。

アナー　タァバーン（男性が言う場合）
アナー　タァバーナ（女性が言う場合）

アナー：私は　　タァバーン：疲れている

私はアスピリンが欲しいのです。

ラウ　サマハト、アナー　アーウィズ　アスピリーン

ラウ　サマハト：すみませんが　　アナー：私は
アーウィズ：私は〜したい / 欲しい
アスピリーン：アスピリン（頭痛薬）

私は薬が欲しいのです。

アーウィズ　ダワー

アーウィズ：私は〜したい / 欲しい　　ダワー：薬

> **コラム**　旅行中に具合が悪くなったら、まず泊まっているホテルのフロントに知らせ、近くのクリニックや病院を紹介してもらいましょう。ホテル以外の場所なら、一番近くにいる人に助けを求め、救急車を呼んでもらいましょう。

CD
70

国際電話をかけたいのですが。

アーウィズ　アァメル　ムカーラマ　ダウリッーヤ

アーウィズ：私は〜したい／欲しい　　アァメル：私は〜する
ムカーラマ：通話　　ダウリッーヤア：国際的な（女性形）

もしもし、メレディアンホテルですか？

アロー、アロー、フンドゥウ　エル・ミルディアン

アロー、アロー：もしもし　　フンドゥウ：ホテル
エル・ミルディアン：メレディアン

アハマドさんはいらっしゃいますか？

イル・ウスターズ　アハマド　マウグード？

イル・ウスターズ：〜さん　　アハマド：人名
マウグード：彼はいる

いいえ、彼はいません。

ラー、ホッワ　ムシュ　マウグード

ラー：いいえ　　ホッワ：彼　　ムシュ：〜でない
マウグード：彼はいる

彼はいつ戻りますか？

ホッワ　ハ・イルガア　イムタ？

ホッワ：彼　　ハ・イルガア：彼は戻る（未来を指す言い方）
イムタ：いつ？

〔著者紹介〕

アルモーメン・アブドーラ

　大東文化大学講師。1975年、エジプト・カイロ生まれ。2001年、学習院大学文学部日本語日本文学科卒業。その後、同大学大学院人文科学研究科に進み、日本語とアラビア語の対照研究を行なう。2003年、博士前期課程修了。

　現在、学習院大学大学院人文科学研究科に在学するかたわら、通訳、翻訳、講演会や執筆などでも精力的に活躍している。

　NHKラジオやテレビのアラビア語講座に出演のほか、BS1ワールドニュースアワー定時放送のアルジャージーラニュースの時差通訳、サウジアラビア・イマーム大学　東京分校　アラブ　イスラーム学院の翻訳・通訳部門担当兼研究員を務める。また、在日のアラブ諸国の各国大使、日本の政治家、著名ジャーナリストなどの要人の通訳を務める経験を持つ。

CD付　アラビア語が面白いほど身につく本　(検印省略)

2004年6月7日	第1刷発行
2005年7月29日	第2刷発行

著　者	アルモーメン・アブドーラ	
発行者	杉本　惇	

発行所　㈱中経出版　〒102-0083
東京都千代田区麹町3の2 相互麹町第一ビル
電話 03(3262)0371 (営業代表)
　　　03(3262)2124 (編集代表)
FAX 03(3262)6855　振替00110-7-86836
ホームページ　http://www.chukei.co.jp/

乱丁本・落丁本はお取替え致します。
DTP・印刷／三松堂印刷　製本／越後堂製本

ARABIC EXERCISE BOOK

アラビア語文字練習帳

●独立形の書き方は、本冊 14 ページ以降をご覧ください。
●連結した文字の書き方は、本冊 29 ページ以降をご覧ください。

	独立形	アリフ（'Alif）
	١	١

١ ١

[アサッド（ライオン）]

اسد اسد

語中の形

ـل ـل

[ターリブ（学生）]

طالب طالب

語尾の形

ـل ـل

[カマー（また、同様に）]

كما كما

1

ب ب

ب

ب ـب

[バカラ(牛)]

بقرة بقرة

ـب ـبـ

[カビール(大きい)]

كبير كبير

ـب ـب

[ヤズハブ(彼は行く)]

يذهب يذهب

ت　ت

ت　ﺗ

[タムル(なつめやし)]

تمر تمر

ﺘ　ﺘ

[ウスターズ(〜さん)]

أستاذ أستاذ

ﺖ　ﺖ

[アンタ(あなた:男)]

أنت أنت

独立形	サー(Thā')
ث	ث

語頭の形

ث ث

[サウム(にんにく)]

ثوم ثوم

語中の形

ـثـ ـثـ

[カスィール(多い)]

كثير كثير

語尾の形

ـث ـث

[ムサッラス(三角形)]

مثلث مثلث

4

ج

ج

جـ

[ジャマル(ラクダ)]

جمل

ـجـ

[ハジャル(石)]

حجر

ـج

[ナスィージュ(織物)]

نسيج

ح
ح

ح خ

[ハマーム(ハト)]

حمام حمام

ـحـ

[バハル(海)]

بحر بحر

ح

[サマハ(許す)]

سمح سمح

6

ハー(Khā')	独立形

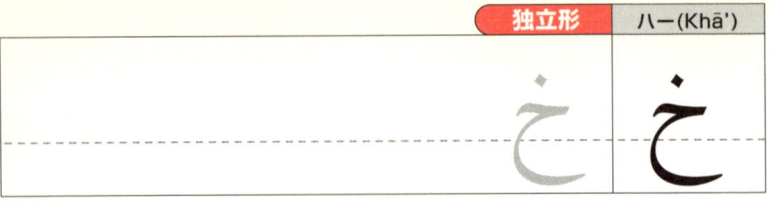

語頭の形

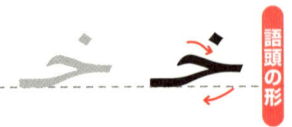

[ハルーフ(ヒツジ)]

خروف خروف

語中の形

[ナヘル(なつめやしの木)]

نخل نخل

語尾の形

[タバハ(料理する)]

طبخ طبخ

7

独立形	ダール(Dāl)
د	د

語頭の形

د د

[ドップ(熊)]

دب دب

語中の形

ـد ـد

[ジャディー(ヤギ)]

جدي جدي

語尾の形

ـد ـد

[ホドゥホドゥ(ヤツガシラ:鳥名)]

هدهد هدهد

ذ ذ

語頭の形

ذ ذ

[ザハバ (彼は行く)]

ذهب ذهب

語中の形

ـذ ـذ

[カディバ (嘘をつく)]

كذب كذب

語尾の形

ـذ ـذ

[ティルミーズ (生徒)]

تلميذ تلميذ

	独立形	ラー(Rā')

ر ر

ر ر

[ラジュル(男)]

رجل رجل

ـر ـر

[ヤクラア(読む)]

يقرأ يقرأ

ـر ـر

[バハル(海)]

بحر بحر

独立形	ザーイ(Zāy)

ز ز

語頭の形

ز ز

[ザィトゥーン(オリーブ)]

زيتون زيتون

語中の形

ـزـ ـزـ

[ウィッザ(アヒル)]

وزة وزة

語尾の形

ـز ـز

[マーイズ(ヤギの群れ)]

ماعز ماعز

س　س

ـسـ　ـس

[スーク(市場)]

سوق　سوق

ـسـ　ـسـ

[アサル(ハチミツ)]

عسل　عسل

ـس　ـس

[シャムス(太陽)]

شمس　شمس

独立形	シーン(Shīn)

語頭の形

شـ شـ

[ジャジャラ(木)]

شجرة شجرة

語中の形

ـشـ ـشـ

[アシャラ(数字の10)]

عشرة عشرة

語尾の形

ـش ـش

[ミシュミシュ(あんず)]

مشمش مشمش

ص ص

صـ صـ

[スーラ(写真)]

صورة صورة

ـصـ ـصـ

[ホサーン(馬)]

حصان حصان

ـص ـص

[ミカッス(はさみ)]

مقص مقص

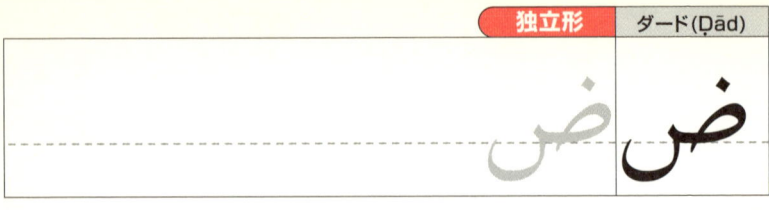

[ドゥフダゥ(カエル)]

[マドラブ(ラケット)]

[バイドゥ(卵)]

ط　ط

ط　ط

[ターィラ(飛行機)]

طائرة طائرة

ط　ط

[マトゥバフ(台所)]

مطبخ مطبخ

ط　ط

[ケット(雄ネコ)]

قط قط

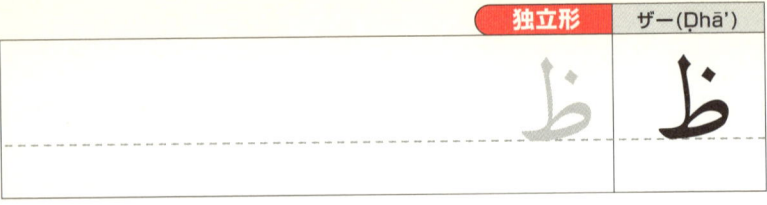

ظ

[ザハル(背中)]

ظهر

ظ

[ミンザール(望遠鏡)]

منظار

ظ

[ハッズ(運)]

حظ

独立形	アイン（'Ayn）
	ع

عـ ①②

[アイン（目）]

عين عين

ـعـ ②①

[ヤーマル（働く）]

يعمل يعمل

ـع ②①

[マスナゥ（工場）]

مصنع مصنع

独立形	ガイン (Ghayn)

غ غ

③ ①
② ←
[ガルブ(西)]

غ غرب

③
② ①
[マグリブ(日没)]

غ مغرب

غ
[リスグ(手首)]

غ رسغ

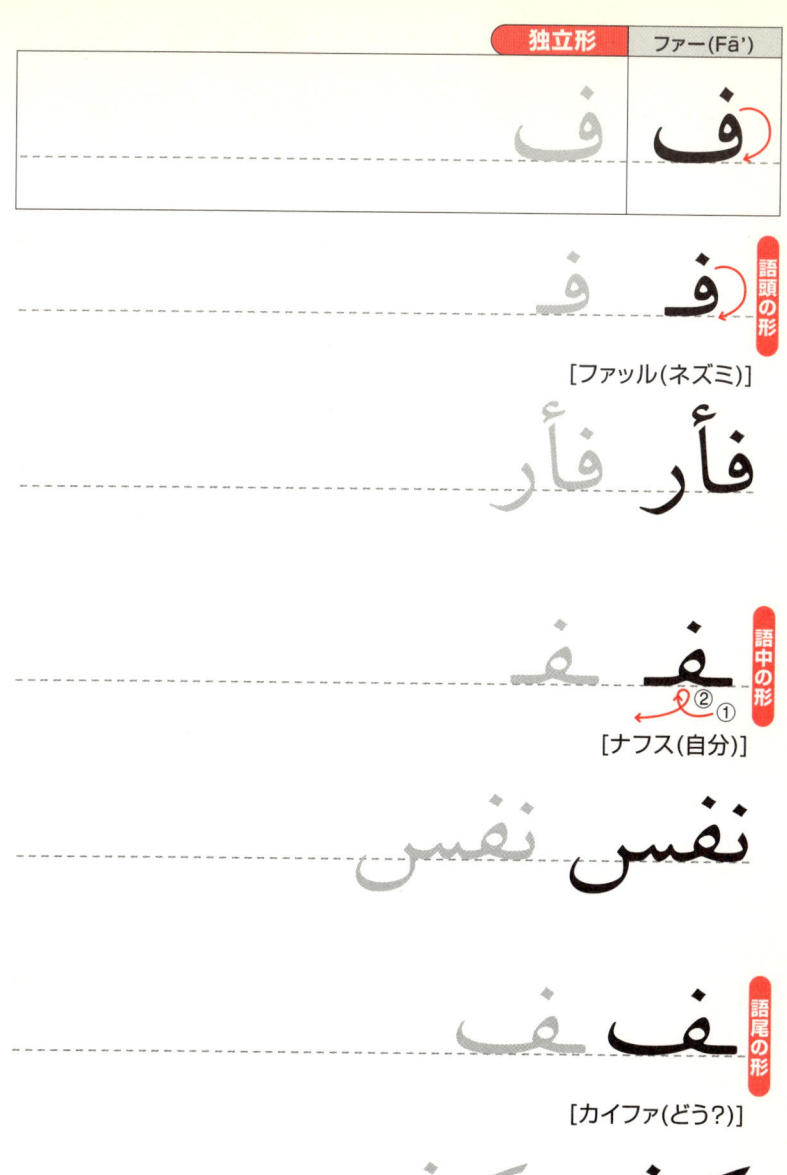

| 独立形 | ファー(Fā') |

ف

ف

ف

[ファッル(ネズミ)]

فأر

ف ② ①

[ナフス(自分)]

نفس

ف

[カイファ(どう?)]

كيف

20

ق　ق

語頭の形

ق　ق

[カラム(ペン)]

قلم　قلم

語中の形

ﻘ　ﻘ ② ①

[ハクル(田)]

حقل　حقل

語尾の形

ـق　ـق

[イブリーク(やかん)]

ابريق　ابريق

ك

كـ

كـ

[クーブ(コップ)]

كوب

ـكـ

[マクタブ(オフィス)]

مكتب

ـك

[マリク(王様)]

ملك

ل　ل

ل　ل

[ライル(夜)]

ليل　ليل

ـل　ـل

[マルアブ(グラウンド)]

ملعب　ملعب

ـل　ـل

[ハクル(田)]

حقل　حقل

独立形	ミーム(Mim)
م	م

[マウジュ(波)]

موج

① ②

[ヒマール(ロバ)]

حمار

① ②

[ラフム(肉)]

لحم

独立形	ヌーン (Nūn)
ن	ن

語頭の形

ـن ن

[ナジュム(星)]

نجم نجم

語中の形

ـنـ ـنـ

[ビント(女の子)]

بنت بنت

語尾の形

ـن ـن

[ジュブン(チーズ)]

جبن جبن

25

独立形	ハー(Hā')
ه	ه

語頭の形

ه ه

[ハワー(空気)]

هواء هواء

語中の形

ﻬ ﻬ

[ムホル(子馬)]

مهر مهر

語尾の形

ه ه

[ワジュフ(顔)]

وجه وجه

26

独立形	ワーウ(Wāw)

و

語頭の形

و

[ワルダ(バラ)]

وردة وردة

語中の形

ـو

[ホゥーザ(ヘルメット)]

خوذة خوذة

語尾の形

ـو

[ダルゥ(バケツ)]

دلو دلو

27

ي ى

ي ـ

[ヤミーン(右)]

يمين يمين

ـيـ ـ

[バイト(家)]

بيت بيت

ي ـي

[クルスィー(いす)]

كرسي كرسي

独立形	ハムザ(Hamza)
ء	ء

（アリフの上に乗る）　**語頭の形**

أ　أ

[アマル(希望)]

أمل　أمل

（単語のつづりによって異なる）　**語中の形**

ؤ　ئ　أ　ء

[ビゥル(井戸)]

بئر　بئر

（単語のつづりによって異なる）　**語尾の形**

ؤ　ئ　أ　ء

[シャーティゥ(浜辺)]

شاطئ　شاطئ

ق

ق

③④① ة
②

ـة

[ワルダ(バラ)]

وردة وردة

[サッラーガ(冷蔵庫)]

② ثلاجة ثلاجة
①